ACERCA DEL AUTOR

El 18 de septiembre de 1980 en París, Francia, Alfredo Palacios fue distinguido con el *Mérite de L'Exceilence Européenne* de la Asociación de Peluqueros de aquel país, en homenaje a su actividad profesional en el campo de la belleza —en ese entonces con más de 15 años de experiencia—. Aunado a dicho reconocimiento, también ha recibido el trofeo *TV y Novelas*, *Las Palmas de Oro*, *El Calendario Azteca* y el *9* del Disco Bar 9, además de una presea especial por su participación en el programa *Mala noche. . . ¡no!* y la llave de la ciudad en Reynosa, Tamaulipas.

En las telenovelas, ha peinado a las protagonistas de *Viviana*, *Los ricos también lloran*, *Colorina*, *Rosa salvaje* y recientemente a Verónica Castro en *Mala noche. . . ¡no!* y *Aquí está. . .*

Anteriormente Alfredo Palacios realizó su labor durante ocho años consecutivos en el evento de *Srita. México* concluyendo ésta en el *Miss Universo 77*, realizado en el Puerto de Acapulco, Guerrero.

Además, en la televisión —a partir de 1981— realiza una sección especial de belleza como colaborador en *La mujer ahora*; posteriormente sería en *Todo para todos* y en la actualidad *Vida diaria* en donde cada semana presenta a una artista diferente y transmite sus consejos de *Belleza de los pies a la cabeza*.

Alfredo Palacios

CONSEJOS DE BELLEZA

de los pies a la cabeza

EDITORIAL DIANA

MEXICO

1a. Edición, Agosto de 1989
12a. Impresión, Julio de 1990

ISBN 968-13-1291-0

Diseño de portada: María Fernanda Cardoso

Elaboración de originales y fotomecánica:
SISTEMAS EDITORIALES TÉCNICOS, S.A. DE C.V.

A mi madre,
a mi padre,
y a mi hija,

les dedico este sueño
que nunca pensé
llegaría a realizar.

Todo mi respeto, agradecimiento y amor a mi amiga Liliana Abud, *quien con entusiasmo y profesionalismo estuvo durante meses dialogando y trabajando conmigo para plasmar mis ideas en este libro de* Belleza. . . de los pies a la cabeza.

CONTENIDO

10

PRESENTACIÓN

Todo ha sido duro, pero al mismo tiempo ha sido bien importante y bien bonito. . . Aunque, poniéndome a pensar un poco, creo que está mal dicha la palabra duro. Ha sido sencillo. . .

Porque cuando se hacen las cosas con cariño y con amor, todo se facilita en la vida.

Yo me he llevado muchos días, horas, muchisísimas horas, de buscar, de estudiar, de investigar. . . también he pasado muchas noches —no voy a decir que las noches enteras—, pero sí, gran parte de ellas, pensando en este libro.

Han sido 25 años.

Tuve que dejar muchas cosas que para mí eran importantes, como salir, ir a bailar, reunirme con mis amigas para ir a ver una obra de teatro, en fin. . . Todas esas cosas que al ser humano, aparte de tener derecho, nos gusta hacer.

Pero me puse a pensar que para realizarme como ser humano, pleno, bonito por dentro, tenía que desechar muchas cosas de mi vida. Así, estuve reflexionando, y otra noche pensé: "¿Qué me deja la frivolidad?. . . El andar de aquí para allá, o como dicen en mi pueblo, andar del tingo al tango. Entonces me dije: "¡Se acabó!. . . ¡Voy a hacer las cosas en serio!". . .

Fue entonces cuando me puse un lápiz en la mano y un papel frente a mí. . . y he empezado a recordar cosas. . .

A recordar cosas de mis abuelos, cosas de mi madre, cosas de mi padre, de amigos. . . De mucha gente que me ha hecho el favor de ayudarme, porque eso sí, todos los seres humanos necesitamos ayudarnos unos a otros. Yo, gracias a Dios, he tenido la fortuna de encontrarme con toda clase de gente, porque de todos he aprendido mucho, sobre todo de los que son mayores que uno, porque de ellos siempre se aprende más. . .

Todo esto se los platico, porque yo creo que en la vida, todos tenemos un porqué, y mi porqué ha sido dedicarme a buscar todo lo que esté relacionado con la belleza, de los pies a la cabeza.

Por eso, amigas, en este libro les daré todas mis recetas, porque quiero compartir con ustedes lo que he aprendido.

Pero antes, voy a platicarles un poco de mí, de Alfredo Palacios.

Soy una gente muy inquieta. Vengo de un origen muy pobre. Mi familia no pudo darme la educación que yo hubiera querido, pero esto lo pienso ahora, que soy gente adulta, que razono y que pienso que la educación es muy importante. Pero también a veces pienso que si hubiera sido muy preparado no sería quien soy, ¿saben por qué?, porque en la vida yo he hecho todas mis cosas quizá con mucha inconciencia. Sólo así me explico que haya llegado a atreverme a decir y hacer todo lo que he hecho y dicho. Creo que esa inconciencia me ha dado el valor y la inquietud de llegar a donde estoy y de seguir adelante. Porque eso sí, yo siempre sigo adelante.

Sigo adelante con mis deseos de ayudar, porque como yo, sé que hay muchos que no han tenido la fortuna de tener dinero, o que se han privado de muchas cosas. Entonces, por eso me he preocupado por reunirles todas estas recetas sencillas, fáciles de hacer en casa, sin necesidad de gastar mucho dinero para poder estar bien física y anímicamente. He tenido mucho tiempo para pensar. . .

Ustedes seguro se preguntarán: ¿En qué piensa Alfredo Palacios? Bueno, pues antes que nada, pienso en Dios.

Quiero decirles que yo soy católico. Católico de hueso colorado.

Seguramente muchos de ustedes me han visto en alguna

ocasión en revistas y periódicos vestido con abrigos y alhajas o lujos así. . . Pero ése no es Alfredo Palacios. Por lo menos, no el Alfredo Palacios de ahora.

Todo eso que viví lo llamo etapas, etapas de la vida que van pasando. Quizá inmadurez. . . Pero Alfredo Palacios está ahora preocupado por otras cosas.

Llego de mi trabajo e inmediatamente me voy a un lugar muy especial de mi casa: mi capilla. Ahí están los cuatro Santos que yo venero. El Señor de las Maravillas, San Judas Tadeo, la Virgen del Carmen (que así se llama mi madre), y por supuesto, la Virgen de Guadalupe, Patrona de todos los mexicanos.

A ellos siempre les rezo. En la mañana antes de irme a mi trabajo, los visito y les pido que me ayuden, que me protejan, que me den fuerzas y antes que nada la salud, porque para mí es muy importante para seguir luchando, porque estoy seguro de que Dios me dio la vida y yo pienso que la tengo que llevar lo más dignamente que pueda.

Tómenlo a loquera, o tómenlo como ustedes quieran tomarlo, pero sí me siento con un compromiso para hacer llegar quizás un mensaje de aliento o de cariño, a mucha gente que cree en mí, y que hace caso de mis consejos.

Por eso es que me he privado de muchas cosas, cosas que para mí significaban vivir. . . Y ahora, al analizar mi vida, me doy cuenta de que nada de lo que hacía antes me dejaba algo bueno. Parecía como si intentara destruirme. . . La copa, el cigarro, las desveladas, las malpasadas. . . ¡hasta la cruda del otro día!, moral y físicamente, que ¡Dios guarde la hora!. . .

Todas estas cosas me hicieron reflexionar: "¿A dónde voy?, ¿a dónde quiero llegar?". . . y lo que es peor. . . "¿A dónde voy a ir yo a dar!". . .

Me di cuenta de que viviendo así cada día me sentía más infeliz, porque estaba totalmente vacío, sin valores. Y así, viviendo en el destrampe, nunca llegaría a nada bueno. Entonces me detuve. Le puse un alto a mi vida y comencé a pensar que no era posible que Dios nos envíe a este mundo sin saber a qué. Tenía que buscar mi camino, encontrarlo para seguir adelante.

Así, reflexionando, es como he llegado a la conclusión de que la vida es bonita. A veces Diosito nos pone baches, pero es para que nos superemos, nunca para lastimarnos. Así como todo se aprende, también hay que aprender a vivir. La vida no son sólo problemas, hay que intentar ver más allá... Dejar de pensar que los demás tienen la culpa de nuestros fracasos. No, no es así. Nuestros errores son nuestros, somos nosotros los que nos vamos fabricando nuestra propia vida. Mala, buena, chueca, derecha o como sea, pero sólo somos nosotros los únicos responsables de nuestras vidas.

¡A cuántos no he oído que porque las cosas no les salen como ellos quisieran les echan la culpa a sus papás!... Siempre están diciendo: "¡Es que yo no les pedí nacer!"... ¡Eso es mentira!, nuestros papás no tienen la culpa de nada. Ellos nos dieron el ser y somos nosotros los responsables de nuestros actos. Debemos tener siempre una palabra en nuestra mente: "¡Adelante!"

Yo estoy de acuerdo que a veces la vida es dura, pero también estoy seguro de que la vida te puede dar todo lo que tú le pidas. ¿cómo?... Pues déjame platicarte...

Hay muchas cosas que te quisiera decir...

Yo nunca pensé, ni nunca tuve la ambición de llegar a ser un peluquero famoso, sino simplemente me dediqué a trabajar, a ponerle todo mi amor a mi trabajo, a tratar de hacer mis cosas lo mejor que pudiera, a darle gracias a Dios, por haberme dado este talento, porque con eso he logrado ganarme la vida, hacerme un lugar y salir adelante. Por eso, hay que reconocer que nuestro mejor amigo es nuestro trabajo. Nunca nos pide, nunca nos exige y todo nos da. Es esto lo que quiero que entiendas muy bien, si tú amas tu trabajo y te entregas a él con dedicación y con amor, tu trabajo te va a regresar el tiempo y el esfuerzo que le has dedicado. El trabajo nunca te va a pagar mal a menos que lo descuides, no lo quieras y no le cumplas, entonces tu trabajo te dará la espalda. ¡Acéptame este consejo!... Cuida tu trabajo como si cuidaras a uno de tus hijos, con la seguridad de que el día de mañana será tu apoyo y tu sostén.

Recuerden que trabajo hay para todos, triunfo hay para todos, pero es necesario esforzarse para no ser simplemente uno del montón.

Con el tiempo y con los años, he descubierto que no hay un amigo tan sincero ni tan noble como tu trabajo, porque cuando tienes una pena, te refugias en tu trabajo, cuando tienes una alegría, te refugias en tu trabajo y éste nunca te reprocha nada, al contrario, siempre te da, siempre sales ganando con él.

A mí no sólo me ha dado seguridad, sino también la oportunidad de estar cerca de todos ustedes y el deseo de compartir lo que he aprendido en la vida, que en este libro entrego con todo el corazón.

Por eso es que me he dedicado a buscar, a investigar cómo las mujeres pueden ser bellas, sentirse bellas y verse bellas, con poco dinero pero con mucha voluntad de seguir mis consejos.

Antes que nada, quiero aclararles que este libro lo pongo a la consideración de todas ustedes. Si quieren seguir mis consejos, bien: si no los quieren seguir, también. . . ¡No hay bronca!. . . Sólo les pido que piensen que mi único deseo es ayudarlas. Para eso, como les he dicho ya, me he metido a investigar para qué sirve cada yerbita, porque como ustedes estarán enteradas todas o casi todas las medicinas que usamos salen de las yerbas, nada más que ya están procesadas químicamente. Entonces, si nosotros las tomamos así, al natural, como es la yerba, no tiene por qué no ser efectiva. No sé por qué los mexicanos tenemos tan mala memoria y no nos acordamos que nuestros antepasados se curaban todos sus males gracias al gran conocimiento que tenían de todas y cada una de las propiedades de las plantas.

Ustedes se preguntarán, ¿y para qué se puso Alfredo a investigar todas las propiedades medicinales y curativas de las yerbas? Mi respuesta es: porque no sólo pienso en mí. Yo, gracias a Dios, puedo disponer de los medios para curarme porque trabajo mucho. Eso se lo tengo que agradecer a mi padre que me enseñó que un peso es un peso, y tuve que aprender a ganármelo y a cuidarlo desde que era chico, pero hace algún tiempo, por una fuerte necesidad de salud, tuve que irme al extranjero, buscando a los mejores médicos para que me curaran. . . .¿Y qué pasó?. . . Los médicos no pudieron con mi mal. Entonces, decepcionado y triste, regresé a México y me dediqué a hablar con las gentes ancianas que conocen todos los secretos de las plantas, ellos me aconsejaron y por fin pude curarme. . .

En el extranjero me gasté muchos dólares; aquí en México, con sólo 175 pesos resolví mi enfermedad. Eso me dio la pauta para comenzar a investigar, y pasarles mis consejos a todas las gentes que los necesiten y que no cuenten con los medios adecuados para aliviar sus malestares.

Me despido diciéndoles que hagan un esfuerzo por mejorar y ser felices, pero sobre todo, por vivir en paz, que ninguna belleza es importante si no se logra primero la tranquilidad de espíritu.

Reciban un beso y mis mejores deseos para todas y cada una de ustedes.

Su amigo.

Alfredo Palacios

LA BELLEZA INTERNA

Al conocer a una persona, es lógico que nos fijemos en su aspecto físico, en su belleza externa, pero creo que no es tan importante la belleza física como la interior. . . Claro, afortunados aquellos que tienen las dos bellezas, pero ¿qué es la belleza interior? La belleza interior es como cuándo se ve una rosa abierta a la mañana. Uno no puede resistir la tentación de acercarse a olerla y al aspirar su aroma, nos llevamos una gran decepción. . . Esa rosa tan bella no tiene perfume o, lo que es peor, su perfume es desagradable. . .

Así es la belleza interior. Ninguna belleza es total si no existe algo dentro que la complete.

¿Para qué sirve tener los ojos más bonitos, si todo lo vemos con envidia?

¿Para qué sirve tener las manos más suaves, si somos incapaces de acariciar con ternura a nuestros hijos?

¿Para qué sirve tener la boca más sensual, si sólo la usamos para hablar mal de los que nos rodean?

Yo estoy plenamente convencido y seguro de que todos los seres humanos tenemos belleza interior, belleza de espíritu, belleza de alma. . . Sucede que no siempre la dejamos florecer porque a veces, cuando se es bonito por fuera, esta belleza ciega y no nos deja cuidar y dejar salir nuestra belleza interna. Otras veces, cuando se es feo se vive resentido, y menos nos queremos ocupar por procurarnos otro tipo de belleza. Mi consejo es: la belleza física es importante, pero no tan importante como para que nos olvidemos de nuestra belleza interna.

Todos los seres humanos somos vanidosos y siempre estamos tratando de arreglarnos, de vernos bien, de cuidar nuestro maquillaje, nuestro peinado, nuestra ropa...

Si el mismo tiempo o cuidado se lo pusiéramos a nuestra belleza interna, nos sentiríamos doblemente satisfechos.

Porque cualquiera atrae con su belleza externa, pero no muchos logran que los demás permanezcan a su lado. En cambio, cuando se atrae por la belleza interna, esta atracción puede ser para siempre. ¿Por qué?... Porque es la belleza más duradera, la que nunca se va a acabar. Cuidemos nuestra belleza interna y dejémosla florecer, para que la rosa pueda tener perfume...

EL PELO

LOS CUIDADOS PARA UNA CABELLERA SANA

Vamos a empezar primero con los consejos para que un cabello crezca sano, porque yo sé que muchas de ustedes, amigas, están preocupadas por dejarse crecer el cabello.

A mí, personalmente, me gusta mucho una cabellera larga y bien cuidada, porque el cabello largo es el toque de ser femenina y llamará la atención en todos lados.

Yo no puedo evitar voltear a ver a la mujer que entra a cualquier lugar con una gran melena aleonada, o una gran cabellera lacia, con una caída espléndida.

Por eso es necesario empezar por cuidar nuestro cabello, para mantenerlo sano y fuerte. En primer lugar, hay que empezar por un buen lavado. Ustedes se preguntarán, ¿por qué dice Alfredo un buen lavado de cabello?, ¿qué cosa quiere decir un buen lavado? Bueno, vamos a aclarar este punto.

Estoy seguro de que todas ustedes amigas se bañan diario, y algunas de ustedes se lavan el cabello todos los días, cosa que les recomiendo porque un cabello sano necesita aseo diario. Claro, hay algunos casos en que no se puede o no se debe lavar el cabello diario, pero son casos muy especiales, que después los trataremos.

Como les decía, el hecho de lavarse el cabello todos los días no quiere decir que se lo laven bien, por eso déjenme decirles en qué consiste un buen lavado de cabello.

En primer lugar, tenemos que saber cuál es nuestro tipo de cabello.

Como ustedes saben, hay cabello grasoso, normal y seco, para así elegir el tipo de shampoo que nos conviene.

Una vez que hayamos seleccionado el shampoo adecuado, procederemos al lavado del cabello. Primero, abrimos nuestra regadera, y la regulamos a que quede más caliente que lo normal. ¿Por qué?. . . Porque inmediatamente que el agua caliente te empiece a caer en la cabeza, te abrirá los poros del cuero cabelludo. Así, tendrás la oportunidad de que la limpieza de tu cabello sea más profunda.

Empiezas a lavarte dos veces la cabeza con tu shampoo y después harás lo siguiente, que es muy importante. Puedes hacerlo una vez a la semana, o cada quince días. Tomas un puñito de jabón en polvo (cualquier detergente te sirve), y lo revuelves con tu shampoo, con esto te das la tercera lavada del cabello, procurando hacerlo con las uñas, no con la yema de los dedos, para así desprender esa capita de grasa que se te ha formado y que se ha revuelto con el sudor, el smog, el polvo del ambiente, el humo del cigarro, y hasta por qué no decirlo, las vibraciones de la gente que te rodea. Todo eso lo recibe tu cabello quedándose seco, como muerto. Entonces, al lavarlo con las uñas vas a desprender todo eso para poder revitalizarlo nuevamente.

Una vez que lo hayas lavado como te indiqué, te enjuagas muy bien el cabello, desde la raíz hasta la punta, sin importar el tamaño de tu pelo. Lo que sí es importante es que te enjuagues con agua fría, para que así cierres perfectamente bien los poros. ¿Por qué te recomiendo el agua fría para enjuagarte? Por una razón muy sencilla: si no lo haces así, los poros del cuero cabelludo se quedan dilatados, es decir, abiertos; entonces, es muy fácil que tu cabello se empiece a salir al cepillarlo. Por eso te aconsejo que lo enjuagues perfectamente bien con agua fría.

Ahora, amiga, si estás acostumbrada al acondicionador, te prevengo que hay que saberlo usar. Normalmente, la gente se pone demasiado acondicionador y empiezan desde la raíz hasta la punta, lo cual no es correcto.

Quien así lo hace, tiene la idea de que de esta manera no le costará trabajo cepillarse, y puede que sea cierto, pero no toma en cuenta que le producirá otros problemas a su cabello. Por lo tanto, el uso inadecuado del acondicionador no va a solucionar nuestros problemas del cabello, sino que los puede empeorar.

Les hago esta aclaración, ¿saben por qué?. . . Porque fíjense que mi madre, quien ahora es una señora ya bastante mayor, siempre ha tenido y conservado un pelo muy bonito. Yo, ahora que escribo este libro, he hecho recuerdos y me he puesto a pensar en cuál era su secreto.

Les recuerdo, como ya les dije, que mi origen es muy pobre. Yo nací y crecí en un rancho en el estado de Veracruz. En ese rancho, como ustedes comprenderán, no se usa el shampoo y todas esas cosas. Ella siempre se ha lavado su pelo con ese jabón de pastilla que se utiliza para lavar la ropa. Nunca ha utilizado acondicionador ni nada por el estilo. Hago la aclaración de que yo no estoy en contra del acondicionador, al contrario, pienso que la gran mayoría de los productos que están ahora en el mercado para el cuidado del pelo son muy útiles, pero de lo que sí estoy en contra es de usarlos sin ton ni son, así, al aventón. . . Como les dije, todo hay que saberlo usar. ¿Cómo y en qué momento?. . . . Eso es lo que les voy a explicar.

Hay que ponerse un poquito de acondicionador en la palma de la mano. ¿Por qué digo que sólo un poquito? Por esto: cuando te pones demasiado acondicionador en el cuero cabelludo, entonces vuelves a formarte esa misma capita de grasa que ya te habías quitado con la lavada, volviendo a provocar que nuevamente se te tapen los poros del cuero cabelludo.

Entonces, como les decía, se ponen un poquito en la palma de la mano, revolviéndolo con un poquito de agua. Como el cabello está mojado, entonces empiezas de las puntas hacia arriba, dándole como un masaje al puro cabello. Cuando hayas terminado, te enjuagas tu cabello y ya puedes desenredarlo sin problemas.

Te darás cuenta que al no dejarte esa capa provocada por el exceso de acondicionador, tu cabello no se ve opaco, sino al contrario, con vida.

Ahora, para desenredarte el cabello es necesario que tengas un peine con los dientes muy separados, lo harás de la manera siguiente:

Si tu cabello es muy largo, te tomas la mitad del cabello, hacia abajo, y lo empiezas a peinar comenzando por las puntas. Así te irás poco a poco hacia arriba.

Cuando tu cabello esté totalmente desenredado, entonces tomas un cepillo, ya sea de cerda o de los de araña, y empiezas a cepillarte hacia abajo, o sea, desde la nuca. Agachas tu cabeza como si buscaras algo que se te cayó, y así lo empiezas a cepillar. Esta cepillada es muy importante, porque activas la circulación en tu cuero cabelludo. Después, de un solo golpe, echas tu cabeza hacia atrás. De esta forma, el pelo adquirirá un poco de volumen y se te irá secando espléndidamente.

Si decides secártelo con pistola, es necesario que regules que el aire no sea muy fuerte ni muy caliente, cuidando que no esté tan cerca de tu cabellera.

Ahora, vamos a lo siguiente: ¿Cómo podemos mantener que el cabello sea fuerte? Al decir fuerte, me refiero a la raíz, o sea, que cuando tú cepilles tu cabello no se te caiga. Éste es un problema de muchas gentes, sin importar el largo del pelo, ni si son hombres o mujeres.

Aquí es donde te voy a dar mis recetas.

Piensa que el cabello es como una planta. El cabello, igual que las plantas, nace. Entonces tú también tienes que procurar alimentarlo por dentro, tomando las vitaminas y las proteínas que van hacia el cabello.

Te aclaro que una gran cantidad de vitaminas y proteínas para el cabello están a la venta y si puedes conseguirlas sería espléndido, porque ya están fabricadas especialmente para eso. Pero, en caso de que se te dificulte conseguirlas, yo te daré un buen consejo que estoy seguro te servirá.

Como te dije al principio, yo me tomé la libertad de andar investigando, es decir, andar de chismoso por todos lados y descubrí que una de las fuentes más importantes para alimentar el cabello son las ensaladas.

A continuación, te daré la receta de la que más me ha funcionado, con la ventaja de que esta ensalada puedes compartirla con tu marido y tus hijos, ayudándolos así a conservar una cabellera fuerte.

Los ingredientes de esta ensalada son los siguientes:

- Pimientos morrones
- Apio
- Berros
- Perejil, y
- Espinacas

Todo esto en las cantidades que tú quieras, dependiendo cuántos son de familia en tu casa. La preparación es sencilla. Tienes que mezclar todo como se hace cualquier ensalada y puedes ponerle el aderezo que más te guste.

Te recomiendo que comas esta ensalada lo más seguido que puedas, para que ayudes a fortalecer tu cabello y el de tu familia.

En general, te quiero aclarar que todo lo que contenga hierro es muy beneficioso para el cabello. Por ejemplo, puedes preparar sabrosas sopas de haba y lentejas, en fin, si tú te preocupas por investigar cuáles son los alimentos que contienen hierro, vas a encontrar muchísimas cosas que te servirán para —además de comer muy sabroso y variado—, ayudar a fortalecer la raíz de tu pelo.

Te recuerdo que la alimentación bien balanceada es también muy importante para mantener un cabello hermoso y sano. Con esto no te quiero decir que tienes que gastar grandes cantidades de dinero en tu alimentación, no, lo que quiero decirte es que puedes comprar cositas sencillas y no muy caras, pero cuidando que sean ricas en vitaminas, proteínas y minerales.

El día de mañana, tus hijos te lo agradecerán, porque además de crecer sanos y fuertes, contarán con un pelo también sano y fuerte.

Te voy a dar otra receta, que también ayudará mucho a tu pelo.

En el desayuno, por ejemplo, te puedes tomar lo siguiente:

- Una taza de leche
- Un sobrecito de gelatina sin sabor

- Una cucharada de aceite de ajonjolí
- Una cucharada de germen de trigo, y
- Una cucharada de miel de abeja.

Metes todo esto en la licuadora y haces un batido para toda tu familia. Como te dije, mis recetas no son caras ni complicadas, y tienen la ventaja de servir para toda la familia.

Ahora, también los elementos externos son muy buenos para fortalecer el cabello. ¿Cómo? ¿Cuáles? Me dirían ustedes. Bueno, por ejemplo, un baño de cabello con aceite de almendras o aceite de germen de trigo.

El aceite se pone a entibiar. Antes hago la aclaración de que si tienes el cuero cabelludo muy grasoso, nunca debes ponerte el aceite en la raíz. Con que dejes unos cinco centímetros de cuero cabelludo libre, sin aceite, será suficiente. El aceite lo pondrás en el pelo.

Te puedes poner el aceite tibio con un algodón, o simplemente con un peine o un cepillo, cepillándote el cabello con el aceite.

Si tu cabello es largo, siempre tendrás que cepillarte de abajo hacia arriba. Si es corto, te lo cepillas normalmente. Cuando ya te hayas puesto el aceite en todo el pelo, te colocas una toalla mojada en agua bien caliente y te la enredas en la cabeza. Te la dejas 20 minutos. Después de ese tiempo, te metes a la regadera y te lavas el pelo como ya te indiqué y al secártelo, verás la diferencia. Tu cabello te quedará precioso, lleno de luz y de vida.

Otra receta infalible para fortalecer el cabello, es una de las que más he popularizado, y que a pesar de eso todavía mucha gente me la sigue pidiendo. Así, aquí se las voy a pasar, para que siempre la recuerden y la tengan a la mano.

- Un litro de shampoo de su preferencia
- Dos paquetes de píldoras anticonceptivas.

Las píldoras se muelen muy bien, y se le agregan al shampoo. Les recomiendo que cada que vayan a usar su shampoo, lo agiten bien, para que no se asiente el polvito de las píldoras. Esta receta tiene la ventaja no sólo de que el pelo se ponga fuerte y bonito, sino que además crezca rápido. Como ven, amigas, les he dado recetas fáciles, baratas y sin dificultades en su preparación. Recuerden que ninguna receta sirve si no se es constante. Así, que procuren repetir mis recetas tanto como les sea posible, para lograr mejores resultados. Recuerden que la belleza del pelo empieza por sus cuidados. Si ustedes tienen un pelo hermoso y fuerte, hay que conservarlo y mantenerlo así, porque de otra manera, la cara más bonita se diluye si no se tiene el marco adecuado. Y este marco es el cabello.

LA ORZUELA

Todo mundo se queja de la orzuela. No importa si se tiene el cabello largo o corto, es un problema que molesta a la mayoría de las cabelleras.

Quiero aclararles que una gran mayoría de las clientas que me visitan en el salón de belleza, como mis amigas que me consultan, se quejan de tener orzuela. Pero a veces, no es orzuela.

Primero hay que empezar por distinguir perfectamente qué es en realidad la orzuela. Lo que ocurre es que muchas veces el exceso de las tenazas calientes, la pistola muy cerca del pelo, o incluso hasta los tubos eléctricos, provocan que se queme el cabello, es decir, las puntas se tuestan, y de ahí viene la idea equivocada de creer que se tiene orzuela.

Por ejemplo, si usted usa mucho la tenaza para peinarse, vamos a suponer que es un cabello largo, se tiene que empezar desde la punta para enrollar el cabello. Para cuando se ha terminado de enrollar el cabello, la punta, que es la que ha recibido todo el calor de la tenaza, empezará a resecarse.

Si eso se hace diario, ya sea para irse a trabajar, o para ir a una fiesta, o para lo que sea, entonces es lógico que en un mes las puntas se han tostado completamente. Pero esto no es orzuela. La prueba está en que si usted cepilla el cabello, notará cómo se le desprenden los pedacitos quemados de las puntas.

Pero, vamos a suponer que efectivamente usted tiene el problema de la orzuela. Esto quiere decir, que empezará a notar que las puntas del cabello se le abren como horquilla. Entonces, es necesario resolverlo.

¿Cómo?

El primer paso, por supuesto, y el más simple, es cortando las puntas. Es decir, darle una pequeña despuntada a su cabello para eliminarlas, y que su cabello continúe creciendo sin ese problema.

Ahora, vamos a suponer que usted no quiere cortarse el cabello, sino que quiere una receta para quitarse la orzuela.

Pues muy bien, se la voy a dar:

¿Usted sabía que una compresa de té de manzanilla le funciona muy bien para quitarse la orzuela?

Pues fíjese que sí, pero nada más que esta receta tiene un pequeño inconveniente.

Porque al usar estas compresas de té de manzanilla, provocaremos que el cabello se vaya aclarando poco a poco. Y si usted nada más lo usa en las puntas, pues lógico que sólo las puntas se le irán aclarando. Claro que para que esto ocurra tiene que pasar tiempo. Pero también se necesita tiempo para poder quitar la orzuela. Ésta es una situación que sólo puede usted decidir. Yo cumplo con avisarle.

¿Cómo se hace una comprensa de té de manzanilla?

Es muy sencillo. Ponga usted a hervir un litro de agua, cuando hierva, agréguele flor de manzanilla; si no la consigue, póngale bolsitas de té.

Ya que haya hervido, tome una toalla, la empapa perfectamente bien de ese té y la exprime. Una vez hecho esto, la toalla se enrolla en todo el cabello. Si el cabello es corto espere hasta que la toalla se enfríe un poco, para que no se queme el cuero cabelludo. Si el cabello es largo, cuanto más caliente esté la toalla mejor, sólo cuide de no ponérsela en la cabeza sino únicamente en el cabello, o sea, en las puras puntas. Se deja la toalla por 20 minutos. Después se toma un chorrito de aceite de almendras y, con mucho cuidado, se les va dando un masaje a todas las puntas de manera muy suave. Después del masaje, se le da una ligera cepillada al pelo y cuando termine, se mete a la regadera. Se lava perfectamente bien su pelo y después de secárselo, se pone un poquito más de té en las puntas y así se lo deja secar.

Ahora quiero recomendar que si tiene el problema de la orzuela debe tener mucho cuidado en la manera en que cepille su cabello. Si usted se pone a analizar un cabello, se dará cuenta de que no es exactamente de la misma textura y grosor del cuero cabelludo a la punta. Si lo ve con cuidado, notará que hay partes que son mucho más delgadas y frágiles. Cuando usted cepilla su cabello esa parte más delgada se estira como si fuera una liga. Al estirarla, resaltan partes más gastadas y que fácilmente se pueden romper. Es lo mismo que pasa con nuestro cabello.

Nuestra persona, ya sea desde la punta de un cabello, hasta la punta de los pies, es delicada y sensible. Por eso, es necesario que le demos un buen trato. ¿Por qué?. . .

Porque somos nosotros mismos. No es posible que nos maltratemos. Hay que intentar apapachar a nuestra persona, darnos amorcito, cositas bonitas a nuestro pelo, a nuestra cara, a nuestros pies. . . En una palabra, a nuestro cuerpo. Vamos a quererlo para que los demás lo quieran. Yo creo que es un deseo muy válido del ser humano.

Por eso, cuando usted cepille su pelo hágalo con cariño, es una parte de su persona. Bueno, sigamos con nuestro tema. Si la orzuela persiste, entonces no le quedará más alternativa que ir a la peluquería a que le despunten su cabello. Yo entiendo que usted muchas veces se aterra de ir a la peluquería, porque sí es cierto, a veces nosotros somos como carniceros. Nos dicen: ''Un despunte, por favor'', y pensamos que nos están pidiendo un corte para toda la vida.

Pero en fin, si usted tuviera miedo de ir a la peluquería porque le van a cortar su cabello, entonces pídale a alguien cerca de usted, un amigo o familiar, que le dé una pequeña despuntada. Antes quiero aclararle que es muy importante la mano de quien corta el pelo.

Ocurre que hay gentes que tienen la mano pesada, y gente que tienen muy buena mano para cortar el cabello.

Yo siempre he pensado que nosotros los peluqueros somos muy parecidos a los jardineros. Los dos usamos tijeras para podar, los dos tratamos de hacer un trabajo artístico. Los jardineros desean que sus plantas florezcan cada vez más bonitas, y nosotros los peluqueros intentamos lo mismo con el pelo.

Menciono esto porque hay jardineros que tienen muy buena mano, y hacen que todo crezca precioso, pero también hay jardineros a los cuales se les secan las plantas. ¿Por qué? Porque tienen la mano muy pesada.

Igual pasa con los peluqueros. Hay algunos que tienen mano para cortar cabello.

Con esto no quiero decir que no sepan su oficio, o que no conozcan su trabajo, sino que su mano no es para cortar cabello, porque no crece.

Por ejemplo, a mí me ha tocado ver que algunas señoras que llegan a mi salón traen el pelo espantoso, como sin vida.

¿Por qué sucede esto?. . . Exactamente no lo sé. Pero sí les digo una cosa: algún día voy a investigar por qué un cabello puede morirse por la simple razón de que lo corte alguna gente que tiene la mano pesada. Algún día, cuando lo sepa bien, se los explicaré.

Por lo pronto, termino aquí el problema de la orzuela. Cualquiera de los consejos que he dado tanto para su prevención como para eliminarla, úselo, porque la orzuela da un aspecto muy desagradable.

LAS CANAS

Otra cosa de la que quiero hablarles es de las canas.

Vamos a empezar primero con las canas prematuras. Yo he visto a mucha gente que tiene 18 años, por ejemplo, y ya tiene canas.

La mayoría de las veces es por herencia, pero lo que yo creo es que aunque sea por esta situación o por cualquier otra, no es motivo para sentirse orgulloso o complacido.

No me vayas a decir que a tus 18 años te sientes orgulloso de tus canas, por muy bonitas que sean, o que creas que no se te ven.

Las canas siempre te van a dar un toque de edad, de madurez, pero también de vejez. Esa es la verdad.

Yo creo que hay un tiempo para todo. Por ley de la vida, las canas saldrán a la edad en que deben salir, pero si eres joven, yo creo que todavía no es tiempo para que te las dejes.

Mi consejo para la gente joven es que se pinte el pelo a su tono natural.

Ahora vamos a suponer el caso de una señora de edad, quien ya tiene suficientes canas pero no se quiere pintar el pelo totalmente. Bueno, para ella yo tengo el siguiente consejo.

Lo ideal es que vaya a la peluquería y pida que le hagan rayos, pero estos rayos deben ser del color original de su cabello. Es decir, si la señora de joven tenía el pelo castaño, los rayos deberán ser castaños.

De esta manera, sólo matizaremos el pelo con el color al que la señora estaba acostumbrada a verse, y así, la señora volverá a sentirse más joven, porque por fuerza le estamos dando un aire juvenil, contrario al de la vejez que dan las canas.

Ahora, en cuanto a mis amigos los señores. A muchos de ellos tampoco les gustan las canas, o cuando mucho las aceptan pero sólo en las sienes, porque dicen que los hace verse más interesantes.

Yo en esto no creo. La gente es interesante cuando es interesante. De los pies a la cabeza y no nada más por las canas.

Pero, ¿qué sucede cuando los señores se abren la camisa y se les ven las canas en todo el pecho?... Ahí, sin duda alguna, se les ve la vejez.

¿Qué se puede hacer entonces?... Bueno, pues es muy fácil.

Lo que yo les recomiendo es que se compren un tinte castaño oscuro y siguiendo las instrucciones del paquete, lo preparen en su casa. Es recomendable que usen los guantes que casi siempre vienen en estos tintes, para que no se manchen las manos.

Entonces, se ponen el tinte con un pedazo de algodón o con una brochita, dejándolo 20 minutos. Luego se bañan y les queda perfectamente bien el vello del pecho.

No le hace ningún daño a la piel, lo único que puede suceder es que el pecho, por ser piel más delicada, tienda a resecarse un poquito, pero con aplicar una crema suavizante será suficiente.

Yo creo que es un sacrificio que vale la pena hacer, aun cuando el uso del tinte reseque un poquito la piel, porque así el señor se sentirá muy a gusto cuando vaya a una playa, ya que tendrá la oportunidad de lucir un pecho joven, sin canas. Además, como el vello del pecho crece poco, el tinte le durará mucho más tiempo.

Ahora, en cuanto a las personas que definitivamente no les gustan las canas en la cabeza y están dispuestos a pintarse todo el cabello, entonces mi consejo es que nunca se vayan a pintar el pelo de negro.

Yo, personalmente, no le veo el caso de que se pinten de negro, porque es mucho más molesto, ya que hay que estarlo haciendo por lo menos cada 15 días. Lo mejor es ponerse un castaño o un rubio cenizo, lo cual traerá la ventaja de que con las canas, cambia la tonalidad. Van agarrando un tono de cabello precioso, que se les verá muy bien.

El pelo negro puede vérsele muy bien a algunas personas, pero la mayoría de las veces, no es nada favorecedor. De toda la gama de colores de tintes, el negro es muy especial. Aparte de endurecer las facciones, tiene la tendencia a comerte el color de la cara. Mucha gente que se pinta el pelo de negro, se ve siempre como enferma, sin vida.

Yo tengo la receta de un té de yerbas que sirve para prevenir las canas. Por la verdad es tan complicado, y hay que untárselo durante tanto tiempo, que no vale la pena.

Yo, de plano, le aconsejo un tinte de pelo, porque en 20 minutos estás lista y sin necesidad de esperar tanto, para tener otra vez tu cabellera sin canas.

Imagínense, si para cuando un señor decida untarse este té al que me refiero ya tiene el pecho cubierto de canas, para cuando acabe el tratamiento, el señor tendrá entonces 100 años. De otra manera, con el tinte, el señor en 20 minutos ya puede lucir cuerísimo y nuevamente con aspecto juvenil.

Recuerden amigos, para verse o sentirse viejos, no son tan importantes las canas como la actitud ante la vida.

Yo conozco señoras con el pelo totalmente blanco, que son tan juveniles en todo, que hacen que a uno se le olviden sus canas. Esa gente será siempre joven, hasta que se muera.

Nuevamente les digo que yo soy de la opinión de que las canas deben pintarse, pero si usted es feliz con sus canas, entonces, adelante y disfrútelas.

Usted es quien tiene la última palabra.

EL PELO Y LA LUNA

Retomando y continuando con el asunto del corte del pelo, quiero hacerte una mención muy especial.

Lo que a continuación voy a platicarte, está muy relacionado con el cabello. Aunque tú no lo creas.

¿Por qué lo menciono?... Porque es cierto. Yo creo definitivamente en ello.

Lo he investigado y he descubierto que esta costumbre viene de nuestros antepasados.

Ellos lo practicaban, y estoy seguro de que por algo sería, ¿no creen?

Es posible que sobre este asunto, ya muchas estén enteradas, otras quizá ya lo han practicado, pero posiblemente muchas de ustedes lo ignoren, por eso es que quiero platicárselos.

Es muy sencillo de hacer, sólo tienes que estar muy pendiente cuando la luna esté en creciente.

Como te mencioné, es una costumbre que viene de nuestros antepasados, que eran gente sencilla, sin tantas complicaciones. Ellos creían, o sea, tenían fe.

Entonces, yo me pregunto, ¿por qué perder la fe?

La confianza y la fe son cosas lindas que deben prevalecer en el ser humano. Por eso pienso que si tienes constancia, dedicación y cuidado, todo lo que creas lo realizarás.

Como te dije, cuando la luna esté en creciente, esa noche vas a despuntar todo tu cabello, teniendo cuidado de guardar todas esas puntitas que cortaste. Vas a guardarlas en un papelito, lo vas a doblar con mucho cuidado y lo siembras en el jardín de tu casa, o si no tienes jardín, lo siembras en una maceta, junto a una planta.

¿Para qué?... Bueno, eso quiere decir, según he investigado, para que el pelo florezca. A algunas gentes esto les parecerá ignorancia, pero nosotros no lo vamos a tomar así. Nosotros vamos a pensar que si tú no le haces daño a nadie, ¿por qué no lo vas a intentar? Si no te beneficia, tampoco te perjudica.

Algunas veces hacemos cosas y somos criticados. Alguna gente te dirá: "¿Por qué haces esto? Eso no funciona..."

De lo que si estoy seguro, es de que no le funcionará a la gente que no cree, o que no lo haga.

Pero a la gente que lo toma en serio y tiene dedicación, le funcionará.

Yo creo que todo funciona en la vida si tú quieres que funcione.

Entonces, adelante. . .

No te voy a nombrar a nadie, pero sí te voy a decir que varias de mis amigas famosas, que en cuanto lean este libro sabrán que me refiero a ellas, lo han hecho, con resultados espléndidos.

Por lo pronto, la próxima noche de luna en creciente, inténtalo. Ya después me platicarás.

EL PELO DE LOS BEBÉS

Yo tengo bastantes años, no les voy a decir cuántos, pero tengo muchos de estar trabajando y en todo este tiempo, cuando platico con mis clientas, casi siempre llegamos a un tema que les preocupa: el pelo del bebé.

Muchas de ellas están mortificadas porque sus niños no tienen cabello o lo tienen muy delgadito.

A veces, hay algunas que me llegan a hablar al salón, desesperadas porque su bebé tiene un mes de nacido, no tiene cabello o lo quieren rapar.

¡Hay gente así, por Dios!

Hago la aclaración de que a esas señoras yo de plano las regaño, claro que un regaño en buena onda, pero ahí les digo lo que pienso.

A un bebé, ni de un mes, ni de 6 meses, ni aun de un año de nacido, se le debe hacer absolutamente nada. Su piel es muy delicada y su cuero cabelludo todavía está muy sensible.

Todo debe ser a su tiempo.

A partir de los 2 años, es cuando yo recomendaría apenas dar la primera rapada. Esto, siempre y cuando efectivamente el bebé tenga mala calidad de cabello, o sea que tenga su pelito muy delgadito o muy poquito, no por otras causas.

Por principio, hay que seleccionar a un peluquero que tenga buena mano para cortar. Esto es, como ya lo hemos dicho, una persona que no simplemente conozca su oficio, sino que también tenga la mano suave para ayudar a que el pelo crezca rápido y fuerte. Evite los peluqueros que tengan la mano pesada.

Después, ese mismo peluquero, por supuesto, debe ser paciente y de aspecto agradable, para que no asuste al niño o lo regañe. Recuerde que van a ser varias rapadas y si el peluquero no simpatiza con el niño, su bebé llorará y sufrirá mucho cada vez que tenga que raparlo nuevamente.

Otra cosa, asegúrese de que el peluquero tenga buen ojo, es decir, que vea bien, y sobre todo mano segura. Esto es para evitar que pueda lastimar la cabecita del bebé al raparlo.

Pero lo más importante es que la rapada tiene un método. No sólo es rapar por rapar, no, la rapada tiene su chiste.

La rapada tiene que ser continua y siempre hacia atrás, para que así el crecimiento del cabello sea parejo, en una sola dirección. Si usted no tiene cuidado de esto que le estoy diciendo, y al niño lo rapan hacia arriba, hacia abajo, hacia a un lado, hacia el otro, entonces lo que va a ocurrir es que cuando empiece a salir el cabello, será como un laberinto, lleno de remolinos.

¿Por qué?. . . Por la sencilla razón de que al empezar a nacer, el cabello saldrá como lo rasuraron. O sea, para todos lados.

El problema vendrá cuando el niño ya esté más grandecito y no lo pueda peinar, porque tendrá un pelo rebelde que no se va a poder acomodar para ningún lado.

Todas estas cosas que le aconsejo, parece que no tienen importancia, pero si usted las analiza, se dará cuenta de que todo lo que le digo tiene un porqué.

Tengo muchos años de estar haciendo lo mismo, y todo esto que le platico son mi experiencia, mi vida. . . He puesto mi vida en este libro, ¡se los juro!

¿Por qué?. . . Porque han sido muchos años de estar investigando, de estar preguntando. . .

Aun las cosas que aparentemente suenan como muy sencillas, como por ejemplo, esto de la rapada. Algunos pensarían: cualquiera lo puede hacer...

Pero no es cierto. No cualquiera lo puede hacer.

Hay que tener cuidado, hay que tener gusto hasta para rapar...

En este negocio de la peluquería, mucho cuenta hasta el humor de la gente. Cuando alguien hace las cosas con molestia o fastidio, las cosas no salen como deben salir, ni lucen como deben lucir, como cuando se hacen con cariño y con amor.

¿No es cierto que cualquier tarea que se haga, cuando se hace con gusto y con ganas, sale mejor? Claro, porque la mente está más ágil, por lo tanto, todo se hace más rápido.

Usted señora, cuando se levanta de buen humor, ¿no es cierto que hasta limpiar la casa es una tarea agradable y entretenida? Más aún, cuando prepara la comida y lo hace con gusto y con amor, todo le sale delicioso.

Usted señor, cuando llega a la oficina y da los buenos días con una sonrisa, estoy seguro de que todos los demás harán lo mismo.

Les aseguro que los días serían diferentes, si todos hiciéramos lo que nos corresponde con amabilidad y con buen humor.

¡Anótelo en su agenda! Y recuérdelo siempre.

Por eso, desde al rapar al bebé, hay que tener esos cuidados, no nada más llevarlo con Juan de las pitas para que destroce el pelo de su bebé. Cuídelo.

Bueno, entonces como les decía, una vez que se ha rapado al bebé, hacia atrás y sólo en esa dirección, usted estará segura de que así crecerá el cabello y que tendrá una buena caída.

Una vez que el cabello empiece a brotar, yo le aconsejo que tenga el cuidado de ponerle un gorrito, para así ayudar a que el cabello lleve una sola dirección de crecimiento.

Ahora, aquí vienen mis recetas:

Al otro día de esta primera rapada, mezcle usted en cualquier recipiente pequeño, un cenicero limpio, por ejemplo, 4 gotas de petróleo (puede utilizar un gotero limpio) con 10 gotas de agua. Es muy importante que usted sólo use las cantidades de petróleo que le estoy recomendando. No use más, porque puede arderle su cabeza al bebé. No sea usted como esas gentes que creen que por usar el doble de las cantidades que se indican en cualquier receta, van a obtener mejores resultados. Eso no es cierto. Para eso son las recetas. Para usar las cantidades que se especifican. De otra manera, yo no me hago responsable de lo que ocurra.

Bueno, como les decía, esas cuatro gotitas de petróleo revueltas con las diez gotitas de agua, se le pondrán al bebé todas las noches antes de dormir. Para eso utilizará un algodón empapado con el agua y el petróleo y le dará un pequeño masajito al niño, en su cuero cabelludo. Al otro día por la mañana, cuando lo bañe, le lava bien su cabecita y utilizará entonces agua de cáscara de papa, para darle el último enjuague.

Esta agua la va a obtener pelando una papa y poniendo todas las cáscaras en un vaso con agua, dejándolas un día completo.

Entonces, como les dije, su masaje de petróleo revuelto con agua, en las noches, y su enjuague de agua de cáscaras de papa al otro día, después del baño.

Así sucesivamente, hasta que el cabello empiece a salir. Usted tiene que observar entonces cómo brota el cabello.

Si el cabello empieza a brotar fuerte y de buena consistencia, entonces ya no es necesario que lo vuelva a rapar, pero si ve que todavía no es lo suficientemente fuerte, entonces será necesario darle otra rapada, volviendo nuevamente a repetir el tratamiento. Así, pueden ser hasta tres rapadas, pero si es usted consistente y cuidadosa con el tratamiento que le estoy recomendando, el sacrificio valdrá la pena.

Ahora, en caso de que algún adolescente quisiera pelarse para intentar mejorar su calidad de cabello, yo les recomiendo el mismo sistema que con los bebés.

La única diferencia es que aquí, las dosis de petróleo y agua varían.

Ellos pueden mezclar primero 8 gotas de petróleo por 8 de agua y ponérselas en las noches con un algodón, igual, dándose masaje en el cuero cabelludo.

Poco a poco, aumentarán la dosis de petróleo y disminuirán la de agua, para que quede más consistente. O sea, pueden terminar con 10 gotas de petróleo y 5 de agua.

Al otro día, después de bañarse, deberán tener lista su agua de cáscaras de papa, para darse el enjuague final en el pelo. Claro que también aquí la dosis varía.

Pueden tener las cáscaras de dos papas remojando desde el día anterior en un litro de agua, y esa agua les puede servir muy bien para 2 ó 3 enjuagadas.

Voy a darles aquí unas recetas para fortalecer el pelo, que sé que les pueden ser útiles:

Primero voy a hablar más de las propiedades de las cáscaras de las papas.

Siempre que vaya a pelar papas, tenga en mente que no debe tirar las cáscaras, aunque no las vaya a usar inmediatamente, guárdelas. Puede ponerlas en un recipiente con agua y tenerlo a la mano para cuando lo requiera.

Para usarlas, siempre será necesario que se hayan remojado por lo menos un día completo. Al otro día, cuando hayas terminado de bañarte, puedes utilizar esa agua de cáscaras de papa para enjuagarte el pelo.

Sirve para fortalecer el cabello, para evitar la orzuela, para revitalizarlo, en fin. . .

Si eres constante en su uso, tú misma notarás los resultados.

Ahora, si preparas esta agua en mayor cantidad, podrá usarla toda la familia.

Quiero platicarte también que la cáscara de la papa puede guisarse con diferentes cosas y resulta un platillo delicioso y muy nutritivo.

Para eso, primero lavas las papas perfectamente bien, con un cepillo, para quitarles toda la tierrita que trae pegada. Luego las pelas, y fríes las cáscaras con mantequilla, ajito y cebolla. Una vez fritas, tú les puedes agregar lo que se te antoje. Por ejemplo. tocino o jamón. también las puedes preparar con huevo o con carne.

Te recomiendo que las pruebes. Yo las como por lo menos una vez a la semana. guisadas de diferentes maneras. Hazme caso. y pruébalas tú también. Es mejor que las aproveche tu familia y no el bote de la basura. . .

LA SÁBILA

Otra cosa que también puede darte magníficos resultados es la sábila.

Cortas un pedazo y le sacas toda la pulpa de adentro. la machacas muy bien y la pones con un poco de glicerina o de vaselina. Todo lo revuelves muy bien y te lo untas en tu cabeza.

Esto lo puedes hacer un domingo que estés tranquila en casa. que sea un día familiar donde todo mundo anda en facha. y que no tengas que quedar bien con nadie. Si eres casada o te da pena con tu esposo. convéncelo para que él también se haga este tratamiento. así los dos saldrán beneficiados con los resultados.

Te la puedes dejar el tiempo que quieras y luego meterte al baño a lavar la cabeza. Notarás que posiblemente te queden algunos grumitos. lo cual es lógico. pues son los residuos de la sábila. Lo único que tienes que hacer. una vez que te hayas lavado muy bien el cabello. es cepillarte el pelo con un cepillo grueso. cuidando de hacerlo de las puntas hacia arriba. y con delicadeza. sin darle tirones.

Por otro lado. la misma penca de la sábila. también da magníficos resultados.

Cortas la penca. porque eso sí. en todas las casas debe y tiene que haber una o dos sábilas. ya sea en el jardín o en una maceta. Porque la sábila. además de proporcionar infinidad de servicios. es de muy buena suerte. Así. que no te falte.

Entonces, la penca la pones a hervir. Ya que haya hervido bien, puedes tomarte un poco, en cuanto se refresque, o mejor aún, tomarte un vaso en ayunas. Es muy amarga, no te voy a mentir, pero es muy buena para el organismo.

Ahora, puedes también utilizar lo que te reste de agua de sábila como enjuague, y te va a funcionar muy bien.

Hago la aclaración de que ninguna de mis recetas producirá milagros si las hacen una sola vez.

Vuelvo a insistir que todo en la vida es organizarse, hay que ser constante.

Todo causa sacrificio, pero aún el sacrificio más pesado se compensa.

¿Sabes cómo?... Pues simplemente cuando alguien te diga: ¡Qué precioso cabello tienes!... Y tú lo creas, porque sabes que es cierto.

LA CAÍDA DEL CABELLO

Muchos señores que empiezan a sufrir la pérdida del cabello se aferran a la idea de traer el cabello largo, o sea, no quieren cortárselo. Mi comentario es que es lo peor que pueden hacer.

¿Por qué?... Porque el cabello se les está cayendo, sea la causa que sea: nervios, tensiones, herencia, en fin... eso no importa.

Lo que importa es que usted, señor, se convenza de que tiene que ir a la peluquería para que le corten el cabello muy cortito.

Entre más corto lo use, más probabilidades tiene de conservar el pelo que le queda.

Primero porque será más fácil arreglarlo y peinarlo; después porque su cabello sobrevivirá mejor, sea cual fuere la causa que provoque la caída.

Ahora bien, sería muy conveniente que cada vez que pueda se pare de cabeza 5 minutos. Si le resulta demasiado incómodo o imposible, entonces acuéstese con la cabeza colgando, o sea, más abajo que los pies, con el fin de que la sangre le circule. Haga esto cada vez que tenga oportunidad y el tiempo que aguante, sin que le provoque molestias. Recuerde que a medida que pasa el tiempo, la circulación se va dificultando y, a veces, la sangre ya no nos llega bien a todo el cuerpo.

Hay que intentarlo todo, no importa que tengamos que hacer circo, maroma y teatro, con tal de conservar el pelo. Si ya es imposible lograr que nos vuelva a salir pelo, por lo menos hay que buscar la manera de evitar que continúe cayéndose.

Ahora, la alimentación es importantísima para ayudar al pelo.

Yo le aconsejo que todas las mañanas se haga un batido con los siguientes ingredientes, que además le servirán mucho para su piel:

Mezcle en la licuadora leche, plátano y granola, y tómelo diariamente como desayuno. Aparte de tener gran cantidad de proteínas, si usted se acostumbra a tomarlo toda las mañanas ya no sentirá la necesidad de comer nada más, y así también, le ayudará a no pasarse de peso.

Por otro lado, usted tiene la obligación de investigar, para su propio beneficio, todo aquello que contenga hierro, lo cual es muy beneficioso para su cabello.

También igual de beneficioso le resulta comprar vitaminas que tengan hierro y tomarse una diariamente. Su cabello se lo va a agradecer.

Una cosa que me ha llamado la atención es que ahora, en esta época, las señoras también están perdiendo el cabello.

¿Por qué? Todavía no lo sé, pero tengan por seguro de que voy a investigarlo.

Lo que sí sé es que ahora las señoras llegan a la peluquería y se quejan amargamente de que se les cae el pelo. Y algunas veces, sin que me lo digan, cuando les meto el peine me impresiono al darme cuenta de que las señoras ya están pelonas y se le ve casi todo el cuero cabelludo.

Por supuesto, trato de no hacerlas sentir mal, al contrario, para así evitar que se sientan peor. Pero al mismo tiempo, les voy recomendando lo que tienen que hacer. Por ejemplo, si el cabello es grasoso, les doy consejos para evitar el exceso de grasa, que también es una causa definitiva para la caída del cabello. Igual como les acabo de decir, les recomiendo algunas vitaminas, especialmente las que contienen hierro.

Y sobre todo recomiendo que no se pongan esas dietas tan drásticas sin control médico, que lo único que provocan es una descompensación en el organismo y pueden tener como consecuencia la caída del cabello.

El mismo consejo que les di a los señores, es válido también para las señoras.

Si ustedes notan que su pelo empieza a escasear, lo primero que tienen que hacer es ir a la peluquería para que les hagan un corte moderno y bonito, pero corto.

Yo sé que a muchas señoras les importa su cabello y desean lucir una cabellera larga, porque como dije al principio, es el toque femenino. Pero si su cabello no está en condiciones de traerlo largo, lo mejor es sacrificarlo un poco y no tener que perderlo totalmente.

Estando el cabello corto, será más fácil fortalecerlo dándole masajes, cepillándolo con un cepillo de cerdas naturales, en fin, ayudándolo a que se recupere.

Otra cosa muy importante es consultar al médico, porque puede ser que el cabello lo esté perdiendo por alteraciones nerviosas y, siendo así, el médico la puede ayudar.

Si éste fuera su caso, entonces, no se preocupe, porque en cuanto le controlen sus nervios, el cabello le saldrá nuevamente. (Veasé receta del té, p. 147.)

Si los nervios no fueran la causa, entonces, siguiendo mis consejos de limpieza y lavado de cabello, tratamientos, cepillado, vitaminas y alimentación, así como tranquilidad, darán como resultado que su cuero cabelludo se vigorice y pueda salir nuevamente pelo nuevo, aunque sea poco.

Nuevamente voy a usar el ejemplo de las plantas. Imagínense a una plantita que se está secando. Lo lógico es pensar que algo anda mal. Entonces, lo que hacemos es buscar qué es lo que está perjudicando a nuestra plantita. Empezamos por podarla, después revisaremos su raíz, o la calidad de la tierra en la que está plantada. A lo mejor encontramos que hay una plaga que la está perjudicando, en fin, buscamos por todos lados para que la plantita vuelva a florecer. Lo mismo pasa con el cabello. Hay que estimularlo por dentro y por fuera, con el fin de que si no conseguimos tener una abundante mata de cabello, por lo menos no perder el que nos queda.

Tengan mucho cuidado de no usar con exceso los acondicionadores, y cuando los utilicen, recuerden que sólo en las puntas. Traten de evitar el exceso de capas de grasa innecesarias y muy perjudiciales en el cuero cabelludo. Recuerden que esto obstruye el poro del cuero cabelludo y no lo deja respirar libremente. Recuerden, además, que si pueden evitar los acondicionadores sería mejor, porque al peinarse, el pelo tendrá más volumen y más cuerpo.

Para aquellas personas que estén perdiendo el cabello por exceso de grasa, les recomiendo que lean con cuidado el principio de este capítulo, donde hablo de la mejor manera de hacer una limpieza profunda del cuero cabelludo. Para este caso, se recomienda muy especialmente, aprender a lavarse la cabeza de la manera como lo indico, porque ayuda a quitar la grasa y a destapar el poro.

Ahora bien, en caso de que le sea muy difícil desenredarse sin usar acondicionador, entonces le recomiendo que lo sustituya por una ampolleta de placenta, la cual va a suavizar y fortalecer el pelo.

En todo este capítulo dedicado al cabello doy consejos y recetas para su cuidado y embellecimiento, pero lo más importante es que no se le caiga. Cuídelo para evitar perderlo. Porque ninguna fórmula para embellecer el cabello sirve, si no hay cabello.

Así de fácil.

CABELLO SECO

El cabello seco, o reseco, es otro de los problemas de esta época.

¿Por qué?... Pues simplemente porque hay mucha gente necia.

Yo muchas veces me enojo con mis clientas y, de frente sin hipocresías, les digo muchas veces sus verdades.

Porque no es posible, amigas, que ustedes mismas se destruyan el pelo. Que ustedes sean las causantes del daño tan terrible que le ocasionan a su pelo.

De plano que de verdad es querer darse en la torre a lo tonto.

A ver, díganme si no tengo razón.

Muchas veces ustedes se pintan el pelo en su casa, y lo hacen encima de una base, o de unos rayos, o de una decoloración.

Luego, llegan al salón y deciden hacerse una base.

A veces, los peluqueros tenemos el cuidado de preguntar si no se han hecho rayos o luces últimamente. O si no se han decolorado, teñido o rizado.

Pero a veces se nos puede pasar, o simplemente estar tan ocupados que ni se nos ocurre preguntar.

Pero es obligación de ustedes, amigas, aunque no les pregunten, comunicarle a su peluquero todo lo que se han hecho para que así, luego, no vaya a haber sorpresas.

Nada más que ustedes las mujeres son muy abusadas...

Más bien, muy abusivas...

¿Por qué?... Porque no dicen nada.

Como ya se les metió en la cabeza que se quieren hacer una base, entonces se pintan el pelo en su casa para que así el peluquero no vea lo que traían antes en el pelo y les haga la base. Sin pensar, sin fijarse en el daño que le pueden hacer a su pelo y en los riesgos que nos hacen correr. Porque al final de cuentas, ustedes siempre nos quieren culpar a nosotros de lo que le pase a su pelo, sin darse cuenta de que las únicas culpables son ustedes.

Así que sin necesidad de que les pregunten, ustedes tienen la obligación de comunicarle a su peluquero todo lo que han hecho con su cabello en los últimos 3 meses, para así poder saber lo que se puede hacer y lo que no.

Es mejor la honestidad porque así, al estar su peluquero enterado de todo lo que se ha hecho, le pondrá más cuidado y precaución a su pelo, para evitar que se le reseque o maltrate, o lo que es peor, que se le queme.

Yo soy de la opinión de que sólo se deben hacer dos bases al año. Bien hechas, pero sólo dos.

Cuando la base ya se está acabando, que siempre se acaba primero la parte de arriba, porque es la que se corta, y la de atrás dura un poco más de tiempo. Entonces, es fácil de arreglar.

Usted le da una ayudadita a su pelo con unos tubos de permanente, poniéndole un poco de agua. Luego, los deshace un poco con la pistola, y le queda su pelo estupendamente bien. Así, le puede durar dos días arreglado, y al tercer día, vuelve a hacer lo mismo. ¿Qué es lo que está haciendo?. . . Dejando descansar una temporadita a su cabello, para que cuando le toque hacerse nuevamente la base, su cabello no esté tan maltratado y haya descansado.

Entonces puede hacerse nuevamente su base, sin temor de que su cabello se le estropee. Esto es lo ideal.

Pero desgraciadamente, no todo el mundo lo hace así. Hay quienes se hacen dos o tres bases en el transcurso de un mes. . .

¿Qué es lo que están haciendo?. . . ¡Arruinándose el pelo!. . .

Uno piensa, esa señora está loca. . . pero, realmente, quienes están locos son los peluqueros que le hacen caso, sin advertirle los riegos que corre. . .

Yo creo que esta carrera es tan respetable y tan responsable como cualquier otra. . .

Entonces, ¿cómo es posible que no nos tengamos respeto, ni respetemos a nuestros clientes, simplemente por querer ganar unos pesos más?

Eso no es correcto.

Yo sé que a veces la gente insiste en sus caprichos, pero nosotros, como profesionales de nuestro trabajo, debemos decir: ¡No!

Porque siempre será mejor no ganar unos pesos en este momento, porque a la larga, vas a ganar mucho más...

¿Sabes qué es lo que se gana?... Prestigio como profesional y, además, el cariño y el respeto de tu clientela, porque saben que los estás cuidando.

Eso es más importante.

Bueno, pero vamos a suponer que la señora ya tiene el pelo muy maltratado por todas las locuras que se ha hecho. ¿Qué le puedo aconsejar?

Bueno, lo primero es dejar de utilizar sustancias químicas que la sigan perjudicando. Es decir, nada de peróxidos, ni fijadores, ni líquidos de ninguno, que le vayan a seguir resecando el cabello.

Tendría que empezar primero con tratamientos a base de aceites. Ya sea de oliva, de almendra, o de germen de trigo.

Estos aceites se calientan y se aplican en todo el pelo, colocándose después una toalla caliente en la cabeza para que se absorban más fácilmente.

También son recomendables las ampolletas de placenta, para revitalizar.

No hay que olvidar que algunos tratamientos naturales funcionan muy bien, como un tratamiento de aguacate o los baños de leche en el cabello.

Lo que no es recomendable son los tratamientos de tuétano, ya que al ser tan grasoso, cuesta mucho trabajo quitarlo; por lo tanto, es necesario lavar muchas veces el cabello para que salga, provocando con esto que, con tanta lavada, se pierdan los efectos del tuétano y hasta los aceites naturales del pelo. Por eso, jamás use aceites gruesos en sus tratamientos como el aceite de ricino, por ejemplo. Tome en cuenta que si cuesta demasiado trabajo quitarlo, es más perjudicial que beneficioso.

Use mejor aceites más suaves, como los que mencioné antes.

Ahora, en caso de que el cabello esté muy maltratado, lo mejor es cortar hasta donde se pueda, para así desechar el pelo muerto, y fortalecer el que va a salir.

Si de verdad es necesario pintarse el pelo, porque la raíz es muy diferente que la punta y ya se le empieza a ver de dos colores (lo cual da un aspecto horrible), entonces habrá que pintarse sólo la pura raíz, sin tocar para nada las puntas.

De ser posible, píntese dos veces la pura raíz, y a la tercera ya corra el tinte por todo el pelo para emparejarlo.

Así le dará oportunidad al cabello de reponerse.

LAS DECOLORACIONES

Realmente las decoloraciones ya se están usando muy poco. ¿Por qué?... Porque el pelo se ve muy artificial.

Es mejor el tinte directo o las luces, porque dan una apariencia más natural y más moderna.

Normalmente, el pelo decolorado tiende a estropearse y a resecarse demasiado. Esto es natural, ya que se abusa del peróxido y además los retoques son cada 10 días, pues muchas veces traen el pelo platinado y la raíz se nota inmediatamente.

Todo esto trae como consecuencia que el pelo termina hecho un desastre; por más que lo cuiden, siempre tendrá apariencia como de estropajo.

Cuando se cepilla ese cabello parece arbolito de navidad, de cómo se le caen las puntas. Para revitalizar ese pelo estropeado, es necesario hacer baños de aceite de oliva mezclado con glicerina. Se pone a calentar y se pone en el pelo, con el fin de que el cabello sane, recupere su elasticidad y su caída.

No importa que se vea artificial, lo importante es que no parezca chicle cuando te lo laves.

Cuando el pelo, debido a la decoloración, ya está muy delgado, entonces se recomienda que no se use acondicionador porque éste lo va a adelgazar más.

En este caso, para suavizarlo es mejor utilizar las ampolletas, que existen en gran variedad en el mercado. Seleccione la más adecuada y úsela. Le dará mejor resultado.

Ahora bien, si va a hacerse un tratamiento de aceite, lo mejor es ponérselo antes del tinte, porque si se le pone después, botará el tinte.

En cuestión de tintes, hay una cosa muy importante que yo quiero comentarles a todas mis amigas, porque les ha ocurrido a muchas, y no saben el porqué.

Algunas veces, llegan a la peluquería con intención de hacerse un tinte y cuando éste se les aplica en el pelo se vuelve como agua, se empieza a chorrear y se corta. Todo esto sucede aparentemente sin ninguna razón, porque el pelo está sano y el tinte se preparó bien.

Lo que ocurre, y se los comentó para que no se vayan a sorprender si les llega a pasar, es que su organismo está sufriendo alteraciones.

¿Cómo es esto?, me preguntarán. Muy sencillo, es la cosa más natural que ocurre en el organismo de las mujeres. La menstruación.

Si cuando ustedes van a la peluquería a hacerse un tinte, están menstruando o se encuentran en los días previos a su menstruación, su organismo tiene cambios hormonales que afectan al pelo, y como consecuencia, al tinte.

Yo tampoco lo sabía, pero la experiencia me lo fue enseñando.

Todo esto se los comento, para que sepan que cualquier cambio o trastorno que sufra su organismo, afectará a su pelo, por muy natural que sea.

Por eso es muy necesario que haya plena confianza entre usted y su peluquero, para que así él esté prevenido y no haya sorpresas en los resultados de su cabello. ¿No cree usted?

EL EMBARAZO Y LAS ALERGIAS

Uno de los principales temores de las señoras embarazadas es que no deban o no puedan pintarse el pelo, menos hacerse un permanente.

Tranquilícese. Usted se puede pintar su cabello sin problema, incluso uno o dos días antes de irse al sanatorio.

Se lo puede cortar, se le puede hacer base, se lo puede pintar, todo lo que quiera, quedándole su cabello perfectamente bien.

Así que si usted, señora, se quiere embellecer antes de irse al sanatorio, para así sentirse bonita después del parto, no hay ningún problema, se lo puede hacer con tranquilidad.

Ahora, en cuanto a las alergias. Si usted es alérgica a alguna solución que se utiliza en los salones de belleza, o si ha tenido alergias a ciertos productos de belleza, entonces es necesario que hable primero con su peluquero, para que él esté alerta.

Vamos a suponer que quiera cambiar su apariencia, lo cual es muy lógico y muy humano, entonces yo le aconsejo que se haga luces, o rayos.

Yo, particularmente, no estoy de acuerdo con las luces o rayos demasiado blancos, porque dan una apariencia demasiado artificial y fría. A mí me gustan los rayos que le dan luz al cabello, sin que pierda su aspecto natural.

Si usted se hace unas luces, aun siendo alérgica a los tintes, cambiará de aspecto sin tener ningún problema.

¿Por qué?

Porque las luces se hacen con una gorra, la cual está especialmente diseñada para cubrir todo el cuero cabelludo. Esa gorra tiene unos hoyitos muy pequeñitos por donde se van sacando pequeños mechoncitos de pelo, que son los que se pintan para formar las luces.

Entonces, como podrá darse cuenta, su cuero cabelludo jamás estará en contacto con el tinte, por lo que no habrá ninguna oportunidad para que se le desarrolle su alergia. Cuando las luces están listas, se lavan para eliminar el tinte. Hecho esto, se quita la gorra y se lava toda la cabeza completa.

Así que, amigocha, si eres alérgica a los tintes de pelo yo te aconsejo que no te prives de cambiar tu apariencia, porque puedes lucir una radiante cabellera sin necesidad de que te toquen tu cuero cabelludo.

Por ejemplo, si tienes una cabellera castaña, tú puedes pintarte unos rayos dorados, lo cual te lucirá sensacional por el contraste del castaño con el dorado, matizando tu cabello. También se pueden sacar luces rojas o color miel, en fin, dependiendo del color del cabello y de la personalidad de cada gente.

Es cierto que se puede hacer una cabeza muy llamativa, pero si la señora es muy delicada y de apariencia tranquila y dulce, entonces la cabellera no le corresponde a su personalidad. Uno, como peluquero, tiene la obligación de estudiar a la señora, para así tratar de adivinar su manera de ser y proporcionarle la cabellera que le corresponda.

Ahora bien, a veces se dan casos de señoras que quieren cambiar por completo. Sacar su yo interno y mostrar otra personalidad.

Esto puede ser válido, pero ahí debe entrar la sensibilidad del peluquero, para saber si ese cambio la va a favorecer. Para eso es mejor irla cambiando poco a poco, para también darle tiempo a que ella misma se vaya viendo y acostumbrando a la idea del cambio, porque luego ocurre que durante el proceso la señora puede cambiar de opinión, y así darle la oportunidad de que decida hasta dónde le gusta el cambio y si la favorece. Por supuesto, todo esto dependerá totalmente de la sensibilidad del peluquero y de la señora con afán de cambiar su apariencia.

Recuerden que los cambios, por muy buenos y favorecedores que sean, nunca deben traer molestias ni intraquilidad en su casa.

Vamos a suponer que usted tiene el pelo castaño y lo ha traído así durante años, además de mantener siempre un corte muy tradicional, y de repente se lo pintan de rubio platino y le hacen un corte muy moderno, pues es lógico esperar que al marido le de un soponcio, y además se puede usted arriesgar a que le digan que se ve horrible. En cambio, si los cambios los va haciendo gradualmente, su marido lo irá aceptando, porque todo en la vida es cuestión de costumbre.

Igual su esposo. A veces tendrá ganas de quitarse ese aspecto de señor aburrido, con el mismo peinadito, el mismo chinito y el copetito de lado.

Con algunos cambios, como un corte diferente y juvenil, sin ser exagerado, el señor refrescará su imagen. Quizá simplemente con cortar la patilla, o quitar el exceso de pelo que trae en las orejas, no importa que el señor sea orejón, ya se le buscará algo que se lo disimule, quitándole ese aire de antiguo.

Igual con los adolescentes. Si ellos deciden traer el pelo largo o un corte extravagante, déjenlos, algún día se van a aburrir, y solitos irán a la peluquería a cambiarse el pelo.

Es mejor que siga mi consejo a que se pase todo el tiempo regañando y fastidiando al muchacho, porque por llevarle la contraria, se empeñará en traer el pelo que a usted le disgusta, con tal de salirse con la suya.

Ahora, el que a usted no le agrade el pelo de su hijo no es razón suficiente para que el muchacho no pueda elegir lo que a él le gusta. Además, todos los muchachos de esta época traen cortes muy modernos y ni modo que su hijo se quede atrás.

Déjelo vivir. En primer lugar, no molestan a nadie. Es su persona y es su pelo. En una palabra, es su vida, o como dicen, es su rollo.

Recuerde que en nuestra época también se usaron cosas extravagantes, pero era la moda, fea o bonita, pero era la moda, y todos la seguíamos, porque si no, estábamos *out*.

Así que mejor preocúpese por cosas más importantes y deje a sus hijos en paz, que como le dije, las modas cambian y a veces uno se fastidia de seguirlas. Así que a lo mejor el día menos pensado, sin que usted tenga necesidad de decirle nada a su hijo, él solito irá por su cuenta a la peluquería y cambiará su pelo. Para mejor o para peor, eso sí no se lo puedo asegurar, pero por lo pronto, déjelo vivir su edad, como usted vivió la suya, y si no lo hizo, pues mala suerte para usted, pero no trate entonces de que sus hijos sean su copia al carbón porque no lo va a conseguir, y lo único que puede lograr es que sus hijos se le distancíen y eso, ningún corte de pelo, ninguna moda lo va a poder remediar.

Escúcheme y siga mi consejo. No se exponga a que sea demasiado tarde. Se puede arrepentir.

CABELLO MIXTO *

Ahora veremos el cabello seco y maltratado de las puntas, pero que al mismo tiempo es grasoso del cuero cabelludo.

Por principio, es necesario darle una buena limpieza al cuero cabelludo. ¿Cómo?. . . Se los voy a explicar:

Primero, hay que usar agua más caliente que lo normal para abrir los poros, como ya les dije anteriormente. Se puede utilizar shampoo para cabello normal, o también, y éste es mi consejo, un jabón de pastilla para lavar la ropa.

Con este jabón se dan dos o tres lavadas, quitando muy bien con las uñas la capita de grasa que se forma en el cuero cabelludo. Una vez hecho esto, entonces hay que darse una última lavada con un shampoo para pelo normal, pero a este shampoo se le han agregado dos fresas muy bien molidas. El shampoo se agita muy bien, y como les dije, con un poquito de shampoo se dan la última lavada.

Luego, para sacar todo el shampoo de la cabeza hay que enjuagar perfectamente bien. Para entonces, será necesario que se vaya cerrando poco a poco el agua caliente, para que así, cuando el agua fría nos corra por la cabeza, vaya cerrando los poros del cuero cabelludo.

* Grasoso del cuero cabelludo, seco de las puntas

Si el cabello está muy seco o muy maltratado de las puntas, entonces, cuando ya termines de enjuagarlo, puedes ponerte un poquito, pero muy poquito de brillantina en las puntas solamente, o también puedes usar aceite de almendras.

Esto te lo pondrás exclusivamente en las puntas, y si lo necesitas, en el pelo, pero sin tocar el área del cuero cabelludo, para no engrasarlo nuevamente. Después podrás secarlo y peinarlo como desees. Lo ideal es que no hagas uso ni de pistola, ni de tenazas eléctricas, pero si no puedes peinarte sin ellas, entonces haz uso, pero no abuso.

Supuestamente no debe costarte ningún trabajo peinarte, ni el pelo se verá con apariencia grasosa, pues sólo usaste muy poquito aceite como te recomendé, con lo cual le darás brillo y elasticidad al cabello para que se vea más vivo y para que cuando lo cepilles, no se te troce. Y además, al mismo tiempo, le estás dando un tratamiento a tu pelo especial para cada área. Uno al cuero cabelludo; otro, a las puntas.

Es muy recomendable que también vayas con tu peluquero para que te despunte y así deseches poco a poco el pelo demasiado maltratado.

Recuerda que esto lo tienes que hacer diario, para que así mantengas tu cuero cabelludo libre de grasa, y tus puntas empiecen a fortalecerse. Busca un tipo de peinado que te favorezca, donde no tengas necesidad de usar el pelo suelto, para que así, mientras se mejora tu pelo, no haya necesidad de que lo exhibas tan maltratado.

UN LAVADO DE CABELLO ESPECIAL

El cabello, como usted sabe, se carga de electricidad. Cuántas veces, dependiendo del estado del tiempo y de muchas otras cosas más, cuando usted se cepilla el cabello nota que se le levanta como resplandor, y algunas veces más, hasta saca chispas con el cepillo. Bueno, pues el cabello nos funciona como una antena. Todas las malas vibraciones, todos los humores y las envidias, en fin, las cosas malas que alguna gente nos emite, nos llegan al cabello, para esto tenemos un lavado de cabello especial.

Yo te recomiendo que vayas al mercado y compres un poco de pirul, albahaca, ruda, perejil, y claveles blancos y rojos, más o menos mil pesos de cada uno.

Pones a hervir todo, y haces un té, ¡no es para tomártelo!, sino para enjuagar el cabello después de bañarte, para eliminar lo negativo que se recogió durante la semana.

Te sugiero que tu esposo también use este lavado cada ocho días que, además de ayudar al cabello, hace que te sientas muy bien espiritualmente. ¡Inténtalo, nada pierdes, amiga!

TIPS PARA EL CABELLO

Para darle brillo al cabello

Una clara de huevo
Una cucharada de miel de abeja, y
el jugo de medio limón.

Se revuelve todo muy bien. Luego te lo pones en todo el cuero cabelludo, hacia las puntas. Se deja puesto de 20 a 25 minutos. Después te das un ligero shampoo con agua tibia, y luego, te enjuagas perfectamente bien con agua fría.

Hago la aclaración de que no vayas a pensar que con una sola aplicación el cabello te quedará precioso y muy brillante, no es así. Será aproximadamente hasta el quinto tratamiento cuando empezarás a ver los resultados ¿por qué?. . . Porque lo más seguro es que usted ha pasado un buen tiempo sin darle tratamientos a su cabello, lógico que no es posible que con un solo tratamiento el cabello se le ponga precioso.

Recuerde que para lograr buenos resultados, todo necesita constancia.

Otro consejo para el brillo del cabello:

Después de que usted se ha lavado perfectamente bien el cabello, se enjuaga el pelo con agua mezclada con vinagre. Es decir, a un litro de agua, le pone una taza de vinagre, lo revuelve muy bien, y se enjuaga.

Este enjuague, con el tiempo, le devuelve el brillo perdido por el maltrato.

Para aclarar el cabello

Si usted quiere aclararse el pelo poco a poco, ésta es una receta muy buena que además tiene la ventaja de componerse de elementos naturales. Esto también puede servirle a mis amigas que tienen alergias a los productos químicos para el cabello.

Compre usted:

Flor de manzanilla, flor de naranjo, flor de gordolobo, corteza de sauce, corteza de cerezo y una cucharadita de Jena, ya sea natural, o de color dorado.

Todo se pone a hervir en dos litros de agua, colocando los ingredientes en partes iguales. Es decir, un puñito de cada cosa.

Después de que todo hirvió perfectamente bien, lo retira de la lumbre y lo deja enfriar.

Esta preparación la puede usar de diferentes maneras, por ejemplo:

Si usted quiere utilizarlo como enjuague al final de su lavado de pelo, o bien ponerlo en su shampoo para que todos los días se vaya lavando el cabello con esta preparación. Al mes aproximadamente empezará a notarse el cambio de color en el cabello. Esto puede ser utilizado con facilidad y sin problemas por todas mis amigas. Yo no recomiendo que se lo apliquen a los niños, porque con el tiempo puede correr el riesgo de que el pelo del niño se ponga muy chicloso.

Para darle cuerpo al cabello

Ésta es una receta muy sencilla, pero muy efectiva.

Machaque dos fresas, y téngalas a la mano en su baño. Lávese el pelo con su shampoo para pelo normal, de preferencia dos veces. La tercera lavada, la hace con la mezcla de un poco de su shampoo y las fresas machacadas.

Usted empezará a notar rápidamente el cambio en su cabello, obteniendo primero que su pelo adquiera cuerpo, además le queda con un aroma y una caída fabulosos. Lógico que después de esta lavada con las fresas, usted no va a hacer uso de su acondicionador. Simplemente peinará su pelo tal y como sale del baño. Por supuesto, muy bien enjuagado.

Si quiere usted ya tener preparado su shampoo de fresas: machaque medio kilo de esta fruta, y revuélvalo con medio litro de shampoo para pelo normal. De esta manera, ya tendrá siempre su shampoo a la mano, con la ventaja de que puede usarlo toda la familia.

Para fortalecer el cabello

Se pone en la licuadora una penquita de sábila, la cual se licúa perfectamente. Una vez hecho esto, se cuela a otro recipiente, utilizando un pedacito de manta de cielo como colador y teniendo el cuidado de exprimir la pulpa todo lo que se pueda, para sacarle todo el jugo. Este jugo se lo vacías a tu shampoo, y así, todos los días, te lavas tu cabeza con esto, obteniendo todas las ventajas de tan maravillosa planta.

Cuidado del cabello en la playa

Si ustedes van a la playa, su cabello estará expuesto a muchos maltratos. Por ejemplo, el sol, el salitre del agua, el cloro de las albercas; en fin, todas esas cosas que lo resecan y maltratan.

Por lo tanto, es necesario que tengan ciertos cuidados con su cabello, con el fin de no regresar de la playa con el pelo hecho un verdadero desastre.

Para eso, será necesario preparar una mezcla, que es la siguiente:

Se compran vaselina sólida y glicerina líquida, en cualquier farmacia. También se compra una crema de sábila, y todos los ingredientes se mezclan.

Esta mezcla la puedes llevar al lugar donde te piensas asolear. Ahí, te pondrás primero en tu cabello, colocándote después, si quieres, un turbante coqueto, o recogiéndote el pelo.

La ventaja de esta mezcla es que no sólo te sirve para tu cabello, sino que también te la puedes poner en el cuerpo, ya que tiene elementos que te humedecen la piel.

No quiero decir que te sirve para broncearte, no me malentiendas, simplemente te ayudará a proteger tu piel, aparte de los productos que hayas comprado con filtros y protectores que te ayudarán a broncearte.

Después de terminar de asolearte o de nadar en el mar, ya de regreso en el hotel, es necesario lavarse perfectamente bien el pelo, para sacarse tanto el tratamiento como el salitre del mar.

Una vez que lo haya hecho, lo seca muy bien, lo cepilla y lo deja así, al natural. Usted notará que su pelo no se reseca ni se quiebra, y que además su piel no se ha deshidratado.

Esta es una receta muy barata y muy funcional, que evitará que se le maltraten tanto el pelo como la piel.

Pelo muy chino

A muchos de mis amigos y amigas no les gusta tener el cabello muy chino, y aquí les voy a dar un consejo para aflojar el chino sin necesidad de productos químicos, ni cosas que sequen o maltraten su cabello.

Tienen que comprar una piedra de tequesquite blanco, la cual se encuentra en los mercados donde venden las escobas y las piedras pómez.

Esta piedra se pone a remojar en un litro de agua y al otro día, se usará como enjuague. Pero esto tienen que hacerlo durante mucho tiempo, para que así, el chino vaya aflojando poco a poco.

Quiero decirles a todos mis amigos que sufren por tener el pelo demasiado chino, que hay cortes de pelo muy favorecedores que ayudan a facilitar el peinado de este tipo de cabello. Además, que el utilizar la pistola con aire caliente, y el cepillo redondo para peinarse, les dará la ventaja de aflojar el chino desde la base, y al estirar el pelo, se facilitará su manejo y acomodo.

En cuanto a mis amigos los señores, mi recomendación es que se corten el pelo lo más corto que puedan, sobre todo los laterales, para que no se les hagan esas bolas horribles arriba de las orejas que parecen bombones.

Sólo se dejarán el copete un poco más largo, para que con el cepillo redondo pueda darse forma.

Permanente

A muchas de mis amigas y amigos, quienes tienen el pelo lacio y lo quieren tener chino (como siempre, nadie está a gusto con lo que tiene), les recomiendo que cuando vayan a la peluquería, pidan que les hagan su permanente con carretes gruesos, no con los delgados, porque así se les harán ondas grandes, las cuales se verán muy naturales y muy bonitas.

Cabello lacio

El cabello lacio siempre es más fácil de manejar que un cabello chino. El problema empieza cuando este cabello no tiene cuerpo ni volumen ni caída, sino que es un pelo muy delgado y muy fino y algunas veces hasta quebradizo.

Mi primer consejo es un buen corte. Un corte donde usted se pueda peinar con toda facilidad en casa, que a la hora que sea, siempre se vea arreglada de su cabeza. Para eso, puede contar con toda esa variedad de gels y mousses que están a la venta, con los que su cabello obtiene volumen y cuerpo.

Para ponérselo, le recomiendo que para un mejor resultado lo haga con sus dedos, apretando el cabello constantemente del copete hasta las puntas. De esta manera, cuando se va secando, agarra un chino natural.

Después de esto, cuando ya esté totalmente seco, se cepilla el cabello desde la nuca, quedando mucho más esponjado, con una ondulación muy natural y moderna.

Tratamiento de cáscara de papa

Ya hemos hablado de las diferentes propiedades de la cáscara de la papa, pero ahora les voy a dar una nueva receta para fortalecer y dar brillo al cabello seco.

Las cáscaras se ponen en una licuadora, junto a un pedazo de aguacate y un poco de aceite de almendras.

Se utiliza como tratamiento para cabello reseco, repitiéndolo cada tercer día. Si el cabello es normal, entonces es un espléndido tratamiento para que lo use cada 15 días.

Tratamiento de la crema de plátano

En un platito se coloca un chorrito de aceite de almendras tibio, después se machaca un plátano tabasco y se mezcla con el aceite, y por último un pedazo de aguacate. Esta crema es ideal cuando el cabello está reseco o ha sido demasiado trabajado por decoloraciones o permanentes.

Hay que tener muy presente que si usted tiene el cuero cabelludo grasoso, el tratamiento sólo deberá ponérselo en el pelo, sin tocar el cráneo, para evitar la estimulación de más grasa.

Este tratamiento se deja 20 minutos y después se lava perfectamente.

Tratamiento de frutas

Este tratamiento se puede hacer ya sea con peras muy maduras, o con papaya, o con sandía, dependiendo de la estación.

Se pone a calentar un poco de aceite de almendras o de jojoba en baño maría. Luego se le agrega un pedazo de cualquiera de las frutas mencionadas. Se mezclan muy bien, y se pone en el cabello. Si el cuero cabelludo es normal o seco, este tratamiento es excelente. Luego se coloca sobre la cabeza una toalla húmeda bien caliente y bien exprimida, o si se tiene una de esas gorras que se usan con calor, mejor. Se deja 20 minutos.

Ya verán cómo el pelo les agradece este tratamiento, porque lo va a reanimar por la humedad que contiene. Les recomiendo que lo hagan dos veces a la semana.

Si usted tiene el pelo normal y sano, también puede hacerse este tratamiento, para conservar su cabellera preciosa. A todos los tipos de cabello les sienta muy bien.

Tratamiento de cebolla

Este tratamiento puede hacerse dos veces al mes. Se muele en la licuadora un pedazo de cebolla solita. Ya molida, se aplica en todo el cuero cabelludo, corriéndola después con un peine por todo el pelo.

Si eres una persona que duerme acompañada, te recomiendo mejor que uses otra receta, pero si puedes convencer a tu pareja que se haga el mismo tratamiento contigo, ¡pues qué mejor!. . .

Quiero aclararles que esta receta me la dio una amiga que tiene una mata de pelo ¡sensacional! Ella me la platicó y yo se las paso al costo.

Inclusive, yo mismo la estoy haciendo, porque no me cuesta ningún trabajo ni tampoco mucho dinero.

El único inconveniente es que mientras te estás bañando y tienes el pelo húmedo, huele a cebolla, pero cuando el pelo se seca ya no huele para nada. ¿Qué dices, te avientas a probarlo?

Tratamiento para el brillo en el pelo

Se baten una clara de huevo, el jugo de medio limón y un chorrito de aceite de almendras.

Se pone directamente al cabello y se deja el tiempo que les he dicho para los demás tratamientos. Claro que el pelo se envuelve también en una toalla caliente, o en un pedazo de plástico.

Como pueden darse cuenta, hay muchas recetas muy efectivas para la belleza del cabello, y no hay necesidad de gastar tanto.

A esta receta, si quieren, se le puede agregar un pedazo de plátano tabasco bien maduro y machacado, o también un pedazo de mamey, también bien maduro.

Mientras traes puesto el tratamiento, te puedes dedicar con toda tranquilidad a hacer el quehacer de tu casa. Luego que pase el tiempo, te metes a la regadera, cuidando que el agua esté más calientita que tibia, y te lavas con shampoo para pelo normal. Ya que te hayas lavado muy bien, entonces abres la fría y te enjuagas.

El cabello te quedará precioso y con dos veces que lo hagas a la semana, recuperará su brillo y quedarás encantada.

Tratamiento de fresas

Cuando sea tiempo de fresas... ¡date vuelo!...

Son el mejor y el más barato de los tratamientos.

Ya te mencioné que las fresas son buenísimas para la limpieza del cabello. Pues también son buenísimas como tratamiento.

Machacas dos fresas y ese puré, que tiene un olor delicioso, lo mezclas con tu shampoo aplicándolo en el cabello en la tercera lavada.

¿Qué beneficios vas a obtener?... ¡Muchos!

Pero principalmente y el más importante: tu cabello adquirirá cuerpo. Lo vas a sentir más grueso.

Tú notarás la diferencia.

Si tienes poco pelo, cuando te lo empieces a peinar te darás cuenta de que adquiere más volumen, como si tuvieras una abundante cabellera.

Tú me puedes decir: "¡Qué gracia! Aunque se me vea mucho pelo, la realidad es otra. . ."

Pero yo te contesto: No te niegues la ilusión ni el placer de que la gente al mirarte, te diga: "¿Qué te hiciste en el pelo?. . . ¡Se te ve padrísimo!. . .

¡Eso es bonito!

Porque hay una cosa que yo honestamente te digo. Si eres joven, y no tienes motivos para que se te caiga el cabello, entonces ese cabello que has perdido lo vas a recuperar. . . ¿Cómo?

Aprendiendo a lavarlo muy bien, haciéndote tus tratamientos, en una palabra. . . ¡Dándole a tu pelo el cuidado y la atención que necesitan!

Es como cuando dicen que si uno no quita el dedo del renglón, las cosas tienen que salir, porque tienen que salir. . .

Yo así soy. ¡Muy necio!. . . Cuando quiero algo, o me gusta algo, estoy duro y duro hasta que lo consigo. . .

Pues todo en la vida es igual. . .

El ser constante, trae muy buenos resultados.

Yo, por ejemplo, tengo poco pelo. Mi cabello es muy delgado, y por lo mismo, siempre me estoy haciendo tratamientos. Además, trato de comer las cosas que le sirven a mi pelo. Yo pienso que mis cuidados me han funcionado. Por lo menos, si no me ha salido más, tampoco se me ha seguido cayendo el que tengo.

Ya les dije que el cabello se cae por muchas razones, una de ellas, como les expliqué, son los nervios.

Cuando me siento nervioso, y veo que el pelo se me empieza a caer, corro inmediatamente al mercado con las yerberas. Ahí me compro flor de azahar y valeriana. Luego, paso a la farmacia y compro un frasco de pasiflorine.

En la noche, antes de dormir, me preparo un té bien cargado de azahar y valeriana, y le agrego una cucharadita de Pasiflorine. Me tomo el té ya que estoy metido en mi cama y, a la media hora, ya estoy bien dormido.

Automáticamente, cuando uno empieza a estar más relajado, se empieza a dormir bien . . .

Y se va uno sintiendo mucho mejor, se nota inmediatamente que el cabello deja de caerse.

Te lo digo por experiencia, porque a mí muchas veces me ha ido como en feria con los nervios. Así que yo me tomo mi té todas las noches, para estar relajado y tranquilo.

Ahora, si tus nervios siguieran, pues entonces lo mejor será que consultes a tu médico.

Otra cosa que propicia la caída del cabello, es la anestesia. No sólo tira el cabello, sino también lo reseca.

Yo me he dado cuenta, de que muchas de mis amigas, cuando se han operado de algo y reciben anestesia general, se les maltrata mucho el cabello. No diré que a todas, pero sí a la gran mayoría. . .

Otra causa de que el cabello se caiga son las dietas mal hechas. . .

Cuando las señoras quieren bajar de peso rápido, se ponen como enloquecidas y empiezan una dieta de caballo. . . ¡Sí, de vil caballo!. . .

No tiene caso que hagan este tipo de cosas. Cuando uno quiere perder peso, lo único que hay que hacer, es dejar de comer todo lo que engorda.

¡Cómo me da coraje con la gente!. . . Todos saben muy bien lo que engorda, ¡pero ahí andan haciéndose tontos!

Cuando me dicen: "Me urge una dieta para adelgazar". . .

Yo de plano los regaño y les digo sus verdades. ¡La dieta la tienen en sus manos!. . . ¡Sólo tienen que dejar de comer todas esas cosas que engordan tanto!. . . ¡Hay que medirse!

¿Por qué no se miran en un espejo? Cuando vayan a bañarse, ¡plántense frente a un espejo! y vean la facha que tienen. Y ahí, frente a su imagen, júrense que van a hacer algo por ustedes mismos y cúmplanlo.

Coman. Pero coman poquito.

¡Quiéranse!

Empiecen por dejar el pan, la tortilla, el azúcar, la sal y sobre todo, ¡esos platotes de comida que se sirven!

Sírvanse la mitad, yo sé que será suficiente. Les aseguro que se van a sentir mucho mejor.

Intenten verse diferentes. Sólo necesitan tener control y disciplina unos mesesitos. . . Con tres o cuatro meses será suficiente, si usted se controla. ¡A fuerza bajará de peso! ¡Se los juro, como que me llamo Alfredo Palacios!

Cuando yo, por ejemplo, por excesos subo de peso, al verme al espejo me choco de verme cachetón y con lonjitas, e inmediatamente me quito toda la comida que engorda.

Empiezo una dieta de verduras cocidas sin sal, tomo mucha agua y mucha fruta, y en 15 días, ya estoy otra vez como nuevo.

También es muy importante hacer un poco de ejercicio, y no vale que me digan: "Yo no tengo tiempo". . . ¡Todos tenemos tiempo si lo buscamos!. . . Así que dedíquense y edúquense. ¡Organícese!

Claro que si se quedan viendo la televisión hasta las 3 de la mañana, van a tener flojera de levantarse temprano.

¡Acuéstense más temprano, para que se paren más temprano!. . .

Con media hora de abdominales, se podrán quitar esa horrible panza que se les ve espantosa. Hagan el ejercicio en su casa, y acostumbren a su cuerpo poco a poco a hacerlo. Ya verán que se sentirán mucho mejor, y se verán mucho mejor.

Bueno, todo esto se me fue de más, porque yo andaba en las dietas que provocaban la caída del cabello y acabé regañándolos. . . De todos modos, lo que les he dicho no creo que les estorbe.

Si no me lo agradecen, por lo menos no olvidarán estas palabras. . .

¡Cuídense y quiéranse!

Tratamiento de nopal

Los nopales guisados son deliciosos. Yo los como tan seguido como puedo, porque además tienen muchas propiedades curativas. Pero por el momento, sólo hablaremos de belleza. Se muele en la licuadora un nopalito tiernito con un chorrito de aceite de almendras. Se pone en el cabello, dejándolo 20 minutos. Luego, te metes a la regadera y te lavas el pelo con el mismo tratamiento, usándolo como shampoo. Después te lo lavas con tu shampoo para pelo normal, y a disfrutar tu pelo. . . ¡Te va a quedar sensacional!

Tratamiento de los tres aceites

Se mezclan aceite de recino, de almendras y de oliva. Yo siempre cambio el aceite de recino por una fruta. Ya sea por un pedazo de papaya, de mamey o de aguacate. O también puede ser plátano o pera.

¿Por qué lo cambio?

Porque este tratamiento es muy fuerte, y el aceite de recino es muy grueso, muy espeso. Este tratamiento puede resultar contraproducente, ya que para sacar el tratamiento, hay que lavar por lo menos 5 ó 6 veces el cabello.

Yo prefiero un tratamiento más suave, que salga con dos lavadas de pelo, cuando mucho. El cambiar el aceite de recino por la fruta, lo he puesto en práctica con magníficos resultados.

También pueden hacerse tratamientos con aceite de oso, de mink o de jojoba. Se pueden aplicar solos, o mezclados con una ampolleta de placenta para fortalecer el pelo. Si su cuero cabelludo es grasoso, recuerden que ya les he recomendado que no pongan el tratamiento cerca del cráneo. Es necesario que dejen libres por lo menos, unos 5 centímetros arriba del cuero cabelludo, para evitar que se forme más grasa.

Tratamiento de miel

La miel de abeja es buenísima. Sirve para cualquier tipo de cabello. Revuelta con una clara de huevo se recomienda para el pelo seco. Y con el jugo de medio limón, para el pelo graso-so. Se deja de 20 a 25 minutos en la cabeza, enredada con un plástico. Es muy probable que el tratamiento se escurra sobre la cara durante este tiempo. Yo les recomiendo que no se lo limpien, sino que al contrario, se lo unten en la cara, como si fuera una mascarilla.

De esta manera, matan dos pájaros de un tiro. Se dan un tratamiento en el pelo y otro en la cara. Ya verán como la miel le da una tersura muy especial a su cutis.

Otro tratamiento para el pelo seco

Aplíquese todas las noches un poco de vaselina o brillantina en el cabello. Después, se cubre con una gorra y se lo deja toda la noche. Al otro día, se lava el cabello perfectamente bien.

Con esto, termino el capítulo del pelo. Espero que aquí hayan encontrado la solución a su problema, cualquiera que éste sea.

Recuerden que, como ya les he dicho, el cabello es el marco de la cara, y una cabellera limpia y bien cuidada será el marco más hermoso para su belleza.

LA CARA

CUIDADOS ELEMENTALES

Una pregunta muy importante que todas mis amigas me hacen es la siguiente: "¿Cómo puedo tener una cara bien cuidada?". Bueno, pues se las voy a contestar.

A la cara hay que darle los cuidados adecuados.

¿Y cómo se consigue?. . . Se los voy a decir.

Como soy tan curioso, siempre estoy observando a la gente que me rodea, y también les estoy haciendo preguntas. Por ejemplo, cuando alguien llega a mi salón y tiene un cutis o una piel maravillosa, no puedo evitar preguntarle cómo hace para cuidar su piel.

Las respuestas que me dan son varias, pero me he dado cuenta de que hay una cosa que es básica.

Todo es cuestión de educación.

Hay que educarse a cuidar la piel, a cuidar toda tu persona.

En primer lugar y lo más importante, es evitar las grasas.

Nuestra comida mexicana está llena de antojitos y cositas sabrosas, pero que desgraciadamente contienen mucha grasa.

Con esto no les quiero decir de que no los coman, sino que los coman de vez en cuando, no como una dieta diaria.

Ahora bien, si usted tiene tendencia a los barritos, entonces de plano tiene que eliminar las grasas de su alimentación.

Usted tiene que pensar que su cara es su tarjeta de presentación. Necesita lucir una piel sana, una piel fresca para poder sonreírle a la vida con seguridad.

El tener una buena piel no es una cosa difícil si usted le pone cuidado a sus alimentos, teniendo fuerza de voluntad para no comer todas esas cosas que producen todas las impurezas en la cara. ¡Edúquese a comer, y verá que sus problemas se le van a resolver!

A continuación, les doy mis mejores recetas y consejos para tratar de resolver los problemas que más seguido se presentan en la cara.

LOS BARROS

Si usted ya tiene el problema de los horrorosos y desagradables barros, tiene usted que hacer algo inmediatamente para terminar con ellos.

Primero, usted necesita purgarse.

Esto lo puede hacer un domingo que se quede en su casa, tranquila, sin necesidad de salir a la calle para nada.

En la mañana, muy temprano, prepárese un vaso de jugo de naranja. Al jugo, le pone un frasquito chico de aceite de ricino y se lo toma en ayunas, para limpiar su estómago. No va a comer nada absolutamente en todo el día, y en la noche, se tomará un atole de harina de arroz, o un té de manzanilla con dos panes tostados.

Al otro día, hay que empezar por comer ligerito. Para mediodía, se puede tomar un plato de consomé desgrasado, y así, poco a poco, empezará a comer comida sana y sin grasas.

Yo sé que para entonces usted va a tener mucha hambre, pero por favor, se lo suplico, no empiece a comer grasas otra vez. Si quiere tener una cara si no hermosa, por lo menos agradable, sin esos barros que se ven tan horribles, entonces sacrifíquese un poquito. Eduque su estómago y edúquese usted misma.

A ver, dígame qué gana con llenarse el estómago a lo tonto y tener una barriga descomunal... Y, aparte de eso, tener además el problema de los barros. ¡Aprenda a comer!

Decídase y haga a un lado todas esas porquerías y empiece a comer sano.

Bueno, vamos a empezar con la receta:

Todas las noches, hay que lavarse muy bien la cara con un jabón neutro antes de dormirse. En la farmacia, se compran unos sobrecitos de azufre y una botellita de alcohol.

Después de haberse lavado la cara, mezcla un poquito de alcohol con un sobre de azufre y se revuelven muy bien para formar una pasta.

Esta pasta se aplica perfectamente bien por toda la cara, sólo teniendo mucho cuidado de que no le entre en los ojos, porque le pueden arder.

Al otro día, se vuelve a lavar la cara con el jabón neutro. Ahí en su baño, debe tener una botellita de agua oxigenada, para que se dé unos toquecitos con un algodón en la parte más lastimada de su cara. Todo esto con el fin de desinfectar bien la piel.

Después, trate de no usar crema y el menor maquillaje que pueda. Si puede no pintarse mejor.

Ahora, este tratamiento que le estoy dando tiene que hacerse de dos modos: uno atacando afuera, a la cara; otro, atacando adentro, al organismo.

Se compran unos sobrecitos de azufre termado. Se toma una cucharadita chiquita de este azufre, y se mezcla con medio vaso de agua tibia y una cucharada de miel de abeja. Se revuelve todo perfectamente bien, y se lo toma en ayunas todos los días.

Es muy importante que siga al pie de la letra mis consejos, si lo hace le aseguro que el problema de los barros se resolverá muy pronto.

¿Sabe por qué se lo digo? Porque yo lo he puesto en práctica y me ha funcionado perfectamente bien.

Es muy importante que también sepa limpiar su cutis.

Le voy a decir lo que yo hago. Cuando llego de trabajar, me lavo perfectamente bien la cara con un jabón neutro y agua tibia. Alguna gente piensa que lavarse muy seguido la cara reseca la piel, yo les digo que no es cierto, si se tiene el cuidado de enjuagar muy bien la cara con agua fría, fijándose de que no quede nada de jabón.

El agua fría sirve para ayudar a los músculos de la cara para que no pierdan su firmeza.

Luego me pongo una crema humectante. Uso una crema de sábila, o mejor aún, me pongo sábila natural y me voy a dormir.

Como ven, mi tratamiento es muy sencillo, pero eso sí, soy muy constante. Ya ven que dicen que ser constante es el camino del éxito y yo lo creo, porque si alguien en esta vida ha sido constante, es su amigo Alfredo Palacios, y por eso que me atrevo a recomendar estas cosas, para que cuando luzcan una piel linda y sana, se acuerden de mí y de mis consejos.

Bueno, pero siguiendo con el problema de los barros, también les quiero recomendar algo que es muy efectivo.

Si ustedes tienen un vaporizador, van a hacer lo siguiente:

Colocan dentro del vaporizador unas hojas de eucalipto, y cuando empiece a echar vapor se acercan lo más que puedan. Para eso ya se han colocado una toalla en la cabeza, evitando que el pelo absorba todo el vapor y sólo se quede en su cara.

Traten de que el vapor les dé directo a donde tengan más dañada la cara, o sea, donde haya más barros.

Una vez que se les hayan abierto los poros, tomen un pedazo de algodón y con las yemas de los dedos empezarán a apretar, cuidado de no estropear su piel.

Estas vaporizaciones las pueden hacer tres veces por semana. Ustedes notarán que las impurezas saldrán fácilmente cuando los poros estén bien dilatados.

Cuando terminen de hacerse este tratamiento, dénse unos toquecitos de agua oxigenada para evitar alguna infección.

Quien no tenga vaporizador, puede hacer lo mismo poniendo a hervir las hojas de eucalipto en una olla grande. Una vez que haya hervido, llévese su olla al baño. Ahí se empapa una toalla poniéndola varias veces sobre la cara, hasta que se dilaten bien los poros. Cuando esto pase, se toma el pedazo de algodón y se empiezan a apretar las impurezas de la cara.

Lo que sí es muy importante, es que no quieran hacerse todo en un día. . . ¡porque van a acabar como monstruos!. . .

Tienen que hacerlo poco a poco. Empezando con lo que sale con más facilidad y dejando para otro día lo que cueste más trabajo. La siguiente vez que hagan sus vaporizaciones, intenten con cuidado, sacarse lo que les quedó, siempre tratando de no estropear su piel, o sea, que no les vayan a quedar marcas o cicatrices.

Si son constantes, en menos de un mes su cara empezará a verse más limpia. Recuerde que es muy importante que también tome el azufre termado tal y como les dije. Así atacará a los barros por dos lados.

Ahora, si la piel de su cara es muy gruesa y le cuesta trabajo que se le dilaten los poros, entonces le aconsejo que ponga en el vaporizador, aparte de las hojas de eucalipto, un poco de sal de grano. Eso le ayudará muchísimo a esa piel tan fuerte, para que se dilate más rápido y sea más fácil sacar las impurezas.

LOS POROS ABIERTOS

Algunos de nosotros tenemos ciertas áreas en nuestra cara donde notamos que los poros se nos han dilatado, y otros de plano padecen más este problema, o sea, en toda su cara los poros se les han abierto demasiado.

Si ése es su problema, y tiene usted la cara grasosa y gruesa, déjeme darle el siguiente consejo:

Primero, necesita lavarse la cara todas las noches con un jabón neutro y mucha agua caliente. Después, se frotará la cara con lo siguiente: Un puñito de avena, un poco de azúcar, y el jugo de medio limón. Con esto, se talla toda la cara suavemente como si se la estuvieran lijando, pero con mucho cuidado.

¿Qué es lo que está usted haciendo?

Puliendo esa piel que está demasiado gruesa y grasosa.

Este tratamiento se puede hacer cada tercer día. Después, se enjuaga perfectamente la cara con agua fría, cuidando de que no le quede ningún residuo.

Para esto, ya se ha comprado con anticipación un cuarto de agua de rosas y un cuarto de mezcal. En un frasco, se mezclan muy bien y se la aplica con un algodón en toda la cara, como si fuera una loción.

Esta loción va a ir cerrando poco a poco los poros.

Pero eso sí, nuevamente le recuerdo que todo es constancia.

¿Quiere verse diferente? ¡Entonces, adelante!

Yo cumplo con darte el remedio. . . Tú sabes si lo usas.

Ahora, es necesario que no te maquilles, y si trabajas y tienes que hacerlo, entonces te aconsejo que sólo te pintes los ojos, poniéndote mucho rimmel, y marcando muy bien tus cejas. Pinta también tu boca con un color bonito y llamativo, y así ya no necesitarás ponerte nada en la cara, por lo menos mientras dura el tratamiento.

Eso sí, en la noche lavas perfectamente tu cara, tal como te lo indiqué, y si puedes hacer unas vaporizaciones, poniéndote inmediatamente que termines tu loción.

LAS PESTAÑAS

Las pestañas son una parte muy importante de nuestra cara. Si no tuviéramos pestañas, aparte de las dificultades para ver, porque la luz nos molestaría mucho, nuestros ojos se verían pelones.

Por eso hay que cuidarlas y protegerlas mucho.

En primer lugar, hay que tener mucho cuidado con los enchinadores. Muchas veces, al usarlo usted se saca 10 ó 15 pestañas. Esto ocurre porque las gomas del enchinador ya están muy gastadas, por lo tanto, hay que estarlos revisando muy seguido para evitar que esto ocurra.

Otra cosa fatal para las pestañas son las pestañas postizas. Muchas veces, la goma es tan fuerte que al arrancarse las pestañas, se traen pegadas las propias y se las arrancan al quitarse las postizas.

Yo creo que para lucir unos ojos bonitos no son necesarias las pestañas postizas, las que además se ven muy artificiales. Con las pestañas propias es suficiente si aprenden a ponerse el rimmel. El secreto está en la aplicación.

Hay que ponérselo de manera que se les saque mucho partido a los ojos.

Ahora, para cuidar las pestañas, voy a darles los siguientes consejos: Primero, en las noches hay que quitarse muy bien el rimmel, para que las pestañas puedan respirar. Para eso, hay que desmaquillarse los ojos perfectamente con la crema que usted use. Cuando los ojos estén bien limpios, cepíllese las pestañas suavemente con un cepillo pequeño, en todo caso, si no tiene un cepillo para pestañas, puede muy bien usar un cepillo de dientes, pero de cerdas suaves. Después, con el mismo cepillo, se pone un poquito de aceite de almendras en las pestañas.

Otro consejo es que cuando la luna esté en creciente, usted misma se puede despuntar las pestañas con unas tijeritas de manicure. Pero muy poquito, sólo las puntitas y con mucho cuidado. Después, se pone nuevamente su aceite.

También, para ayudar al crecimiento y fortalecimiento de las pestañas es bueno quemar un hueso de mamey. Ya que esté bien quemadito, se hace polvo y se revuelve con un chorrito de aceite de ricino o de almendras, y se lo aplica todas las noches con su cepillito.

Con estos cuidados, sus pestañas crecerán más.

En las mañanas, se lava sus ojos con té de manzanilla, para quitarse todos los residuos del aceite y del mamey. Usted verá cómo mis consejos le van a funcionar.

Recuerde que los ojos son el espejo del alma, si usted los cuida, su mirada será mucho más atractiva e interesante.

LAS CEJAS

Si usted está acostumbrada a depilarse demasiado y por mucho tiempo, entonces es natural que las cejas ya no salgan en ciertos lugares, y que además, no crezcan parejas.

¿Qué es lo que se puede hacer para ayudarlas?

Muy sencillo. Empiece por cepillarse las cejas todos los días, como si las peinara, primero hacia atrás y luego hacia adelante.

¿Qué es lo que estamos haciendo? Estamos estimulando la circulación de las cejas, para que el vello vuelva a salir.

Después, aplíquese todas las noches agua de papa, o bien un poquito del puré de un jitomate asado y se lo deja toda la noche.

Ahora que si usted de plano ya no tiene cejas porque se las ha depilado mucho, tendrá que tener mucha paciencia, ya que los poros se han atrofiado precisamente por el exceso de depilación. Por eso yo les aconsejo que aunque las modas cambien, ustedes no deben exagerar, porque luego las consecuencias son fatales.

Si la naturaleza te dio un cierto tipo de cejas, entonces déjatelas así. Ahora, si tus cejas son demasiado gruesas, entonces puedes darles forma pero sin cambiarlas totalmente. ¿Por qué? Porque si tus cejas tienen tal o tal cual forma es porque así le conviene a tu cara.

Estoy de acuerdo en que a veces se tienen que corregir un poquito, pero sin necesidad de acabar con ellas para siempre.

Esto de la depilación, amigas, tiene mucho fondo. Ocurre que muchas, muchas veces empezamos a depilar las cejas primero un poquito, y así nos vamos hasta acabar casi sin cejas. ¿Por qué? Porque es una manera de autodestruirse. Pensamos que nos estamos haciendo un bien pero en el fondo nos queremos hacer un mal. Así que, ¡aguas!. . . Nunca se toque la cara, ni intente hacerse nada, hasta que no haga un análisis y descubra por qué quiere hacerlo.

Otra cosa, tampoco es bueno copiar estilos.

Muchas veces pensamos que porque otra persona se depiló las cejas y se pinta una rayita muy mona, a nosotros también se nos antoja hacer lo mismo.

Tampoco es así.

Esa otra persona puede dibujar su cara de otra manera

que a usted no le conviene, porque usted es otro tipo de mujer. Así que no se deje llevar por sus impresiones. Si usted no sabe, o no está segura que un cambio la vaya a favorecer, antes de hacer nada consulte primero a un profesional, para ver si ese cambio la va a favorecer o no, porque si no lo hace puede cometer varios errores, uno de ellos, el peor de todos, es depilarse las cejas electrónicamente, o sea, quemarse la ceja desde la raíz.

Si usted ya hizo esto, entonces amiga, permítame decírselo, pero ya se dio en toda la torre, porque nunca jamás le volverán a salir.

Yo estoy de acuerdo en que hay ciertas partes de nuestra cara que necesitan una depilación definitiva, como el bigote y esos horribles pelos que van desde las patillas hasta la barbilla, pero de todos modos, tenga cuidado.

No en toda la cara se debe hacer una depilación definitiva. En el caso de las cejas, depílese sólo con pinzas y estrictamente lo necesario. Nunca más allá.

LA DEPILACION EN EL RESTO DE LA CARA

Ya les dije que para ciertos lugares de la cara es muy recomdable el uso de la depilación electrónica, ya que es un tratamiento definitivo para terminar con el vello y no lastima la piel, pero también puede utilizarse la cera.

Pero sin abusar, porque en muchas cosas ustedes amigas, ¡son tremendas!

Todo lo que no se debe hacer, ustedes los hacen o se lo inventan. Por ejemplo, cuando tienen la frente muy pequeña, se rasuran para hacer la frente más grande. O también me he topado con la desagradable novedad de que me cuenten que fueron a una peluquería y les depilaron la frente con cera.

¡Yo me enojo muchísimo cuando hacen ese tipo de cosas! En primer lugar, porque un peluquero profesional jamás debe hacer eso, ¿por qué? Porque está mal hecho.

Yo sé por experiencia que las señoras son muy necias a veces, pero un buen profesional tiene la obligación de aclararles a las señoras que el agrandarles la frente de esta manera, tiene sus consecuencias.

Por supuesto que si a ti te ponen cera alrededor de la frente, en el momento que te dan el tirón y te quitan el cabello que te estorba. . . Lógico, te va a quedar muy bien. Tú te sientes muy a gusto durante ocho días. . . ¿Pero qué pasa después?. . . ¿Qué pasa cuando empieza a brotar otra vez el cabello?. . . ¡Simplemente se ven horrorosas!. . .

¡Señor estilista! Sea usted más honesto con sus clientas y con usted mismo, nunca hagan cosas que estén mal hechas. Usted tiene la obligación de explicar todos los problemas que su cliente puede tener.

Y usted amiga, ¡ya no haga más diabluras con su cara, ni con su pelo, ni con nada de su cuerpo!

Si tiene la frente pequeña, entonces hágase un bonito fleco o cualquier adorno que le disimule.

Si tiene la patilla larga, póngase un poco de jalea o de gel, y se la peina ya sea hacia atrás, o hacia adelante, a lo mejor le da un detalle atractivo y gracioso a su rostro, sin necesidad de querer quitársela a fuerza. ¡Sáquele provecho a lo que tiene! No nada más este pensando en arrancarse lo que no le gusta. ¡Yo a veces quisiera darles unos buenos coscorrones para que me entendieran!

Ahora, en cuanto a los vellitos de la cara que no son demasiados y no necesitan una depilación electrónica, se pueden eliminar con cera.

Para eso, les aconsejo que vayan a algún salón de belleza, si es que no saben usar la cera correctamente. Recuerden que los músculos de la cara, y en sí toda la piel de la cara, son muy delicados, y si los jalones de la cera no son para el lado donde deben ser, entonces se empiezan a aflojar los músculos de la cara, provocando que se cuelguen.

Como ya les he dicho, todo se puede hacer pero con cuidado.

Cuando se es joven, no hay ningún problema porque todo se aguanta. Pero ya pasando de los 30 años, es necesario ser más precavido.

La depilación tiene que hacerse por partes. Además, no dejen nunca que se las quiten a jalones. La cera se tiene que ir enrollando hacia arriba para que vaya quitando el vello. Es posible que duela un poquito más, pero es mucho mejor porque no estropea la cara. La piel sigue firme sin los jalones que le hacen daño.

El dolor es una cosa que ni vale la pena mencionar, porque no es una afección que no se aguante. Sólo son unos cuantos segundos de molestia, que traen como beneficio una piel limpia de vello por un mes, o mes y medio. Así que vale la pena el sacrificio.

Recuerden que les insisto en que vayan a lugares atendidos por profesionales que sepan lo que hacen, porque su cara es una parte muy importante de su cuerpo, así que no permitan que se la maltraten.

Además, vayan a lugares donde las traten con cariño y las apapachen, porque a jalones no puede ser.

Lo mismo con la depilación de las piernas y las axilas. Ese trabajo también tiene que hacerse por profesionales, para evitar los moretones y que las lastimen. Está bueno que hay que sufrir por ser bella, ¡pero no es para tanto, no exageren!

También para los vellitos de la cara, si no son muchos, se pueden decolorar, y con eso se disimulan. Ya después, con el maquillaje, cuidarás de taparlos más y así, los ocultarás casi por completo.

PARA PREVENIR LOS BARROS

Desde la adolescencia, vemos como muy normal que a los muchachos y muchachas les empiecen a salir barritos, y no nos preocupamos porque siempre estamos diciendo: "es que es la edad. . . Ya que crezca, se le quitarán. . ."

Pero en realidad, el problema, aparte de la edad, empieza por la mala alimentación.

¡Todo el día se la pasan comiendo antojitos, botanitas, cacahuates, chocolates y un montón de porquerías más que le hacen un daño terrible a su cara!

¿Sabe cuál es mi consejo?

¡Púrguelos por lo menos dos veces al año!

Que el estómago se limpie y ponga el orden en lo que comen. Que lo coman de vez en cuando, pero que no abusen.

Es muy importante prevenir antes que remediar. Recuerde que el problema de los barros es muy desagradable, y los chamacos se acomplejan por tener el cutis feo. Entonces, es mejor evitar que los barros aparezcan.

Si su hijo o su hija tienen un bonito cutis, pues ayúdelos a mantenerlo así.

El remedio de las purgas es un remedio antiguo. Nuestros abuelos lo usaban mucho y les daba muy buenos resultados.

Ahora, yo les recomiendo que usen una purga suave. Por ejemplo, en medio vaso de jugo de naranja se puede agregar medio frasquito de aceite de ricino.

Con dos veces al año que lo hagan será muy efectivo y podrán prevenir cualquier desarreglo de su estómago.

Otro consejo es que compren en la farmacia un sobrecito de azufre termado y se mezcla con medio vaso de agua tibia y miel de abeja. O sea:

- Una cucharadita de azufre termado

- Un vaso de agua tibia y
- Una cucharada sopera de miel de abeja

Se revuelve muy bien y se lo da a tomar en ayunas tres veces a la semana, en caso de que los barritos empezaran a salir.

Con estos consejos, sus hijos pueden conservar una piel bonita, joven, fresca y sin barros. . . Así que ustedes saben, el sacrificio es poco, pero los beneficios son muchos. ¡Lo toman o lo dejan!

BOLSAS EN LOS OJOS

Un buen día, cuando nos miramos al espejo y nos descubrimos esas horribles bolsas que se forman bajo los ojos, inmediatamente pensamos con tristeza. . . "¡Ya me estoy haciendo viejo!. . ."

Y por supuesto, son bolsas de apariencia de vejez, de mirada cansada. . .

Pero muchas veces esas bolsas no son por edad, sino por descuido. Nosotros mismos provocamos que se formen. ¿Saben cómo?

Por ejemplo, cuando vamos a un restaurante, antes de probar el plato que nos acaban de servir, ¿qué es lo primero que hacemos? ¡Agarrar el salero y ponerle sal a todo lo que vamos a comer!

Eso está muy mal, porque la sal fija los líquidos. Entonces, esa bolsa que se nos ha formado es precisamente por eso, por el mal uso de la sal.

Lo mismo en su casa, antes de probar los alimentos, ya les están poniendo sal.

Bueno, ¿y qué es lo que van a hacer?

Primero, ir quitándose poco a poco la sal. Desacostumbrar a su paladar al sabor de la sal. Usar lo menos que se pueda la sal. Y los que puedan comer sin sal, mucho mejor. Ustedes van a notar la diferencia en pocos días.

Si siguen mis consejos, se darán cuenta de cómo esa desagradable bolsa empezará a desaparecer.

Ahora, quiero aclarar que si usted ya es una gente de edad, pues lo mas lógico es que le aparezca esa bolsa, pero si usted le da una ayudadita y se quita la sal, esa bolsa no va a ser tan notoria. Eso se lo aseguro, porque a mí me pasó.

Hubo una temporada en que yo me miraba al espejo y me horrorizaba al verme unas bolsas espantosas que se me habían formado en los ojos.

Les juro que me dio un trauma. Me sentía tan mortificado, que a mi edad. . . (Bueno, no soy ningún bebé, pero tampoco soy todavía un señor mayor.)

Un buen día, harto de mirarme las bolsas y de sentirme tan deprimido, me decidí a ir con un amigo mío que es cirujano plástico.

Él me revisó, y me dijo: ¨éstas no son bolsas de edad ni de cirugía, así que yo no puedo hacer nada por ti¨.

Yo me regresé a mi casa incrédulo y desilusionado, y entonces decidí ponerme a investigar por qué se forman esas bolsas. Después de hacerlo y de andar preguntando, llegué a la conclusión de que es la sal la que las forma.

¿Qué fue lo que hice? Evitar desde entonces totalmente la sal. Porque eso sí, yo soy muy drástico. Cuando voy a hacer algo lo hago como se debe. A mí no me gusta andarme engañando, ni jugar a las escondidas conmigo mismo. . .

¿Qué fue lo que pasó? En 15 días las bolsas se me habían desaparecido y desde entonces no me han vuelto a salir.

¡Pongan en práctica mi consejo!. . . Yo les aseguro que no se van a arrepentir. ¡Quítense ese aspecto de gente mayor, de gente cansada!. . .

Ahora, la sal no sólo es mala por provocar que se formen las bolsas bajo los ojos, sino también provoca la retención de líquidos en el resto de tu organismo.

Esto lo vas a notar porque te empiezas como a hinchar del cuerpo y de la cara, y te preocupas porque piensas que no estás comiendo en exceso y sin embargo estás engordando. Bueno, pues todo eso es producto de la sal.

Así que mi consejo es: si la puedes evitar, evítala, y si la puedes eliminar, mejor. Tú verás los resultados.

CUTIS GRASOSO

Este tipo de cutis necesita cuidados especiales. Así que le diré lo tienen que hacer:

En primer lugar, tiene que hacerle una buena limpieza diaria, esto es, lavarlo con agua caliente y un jabón de pastilla que corte la grasa, el que se usa para lavar la ropa. Después de lavar perfectamente bien la cara, hay que pasarse un algodón con agua oxigenada por todo el cutis.

Ahora, si eres mujer y vas a trabajar, lo mejor será que no uses maquillaje, sino sólo maquíllate perfectamente bien tus ojos, tus cejas y tu boca.

En la noche, cuando llegues a tu casa, mezclas un poco de polvo de azufre con un pedacito de pepino, sin semillas y bien machacado. Con esta pasta, te vas a poner una mascarilla durante 20 minutos. Luego te enjuagas bien con agua fría y nuevamente te vuelves a pasar un algodón empapado de agua oxigenada, y te acuestas a dormir.

Esta mascarilla te la puedes poner cada tercer día, pero la limpieza de tu cara la tienes que hacer todos los días.

CUTIS SECO

Este cutis es problemático, pero también le tengo muy buenos consejos para cuidarlo. Mi primera recomendación es que ponga un poco de aceite de almendras a calentar. Con este aceite se da un masaje en toda la cara, suavecito y con cuidado. Se lo deja poniéndose encima una toallita caliente. Lo más caliente que la aguante para hacer una vaporización.

Después de eso, se muele un pedacito de papaya y se mezcla con dos cucharadas de miel de abeja. Esta mascarilla se la deja 20 minutos en la cara y luego se la quita con agua tibia, dándose el último enjuague con agua fría.

Ahora, para dormir, usted puede abrir una de las cápsulas de vitamina E que venden en las farmacias. Se la pone en toda su cara, extendiéndola inclusive alrededor de los ojos, lo cual le va a ayudar a suavizar las arruguitas que se forman en esa parte.

Al otro día, se lava la cara perfectamente con un jabón neutro y luego se pone su crema humectante.

Otra mascarilla muy efectiva para este tipo de cutis, es resultado de la mezcla de un poco de vaselina o glicerina con la pulpa de alguna fruta, como papaya, fresas, aguacate y hasta uvas. Las frutas, por tener una gran cantidad de agua, le ayudarán a humectar su cutis, para lograr una apariencia fresca y lozana.

CUTIS MIXTO

Éste es el cutis menos problemático porque requiere de menos cuidados. Es el cutis normal.

Sobre todo hay que poner atención en la limpieza. Se recomienda también usar para su lavado un jabón neutro y una crema humectante.

En la noche, ayuda quitarse el maquillaje con una crema suave y refrescarse con agua de rosas.

Como les dije, es un cutis sin problemas, pero eso no quiere decir que no hay que cuidarlo, al contrario, hay que cuidarlo más todavía para que nunca pierda su belleza y su frescura.

CICATRICES DE LOS BARROS

Hay que lavarse la cara con agua caliente y un jabón neutro. Luego se mezcla un poco de avena con azúcar y el jugo de medio limón. Con esta pasta, empezamos a frotar la cara con cuidado, como si la estuviéramos puliendo.

Con el tiempo, se van emparejando las cicatrices con la piel de la cara.

Ahora bien, si la cara tiene demasiadas cicatrices o muy profundas, lo ideal sería que se hicieran un *peeling*.

La piel queda fabulosa, porque se desaparecen las marcas y las manchas, quedando preciosa. Esto, por supuesto, es nada más para una cara muy maltratada.

Este trabajo, les advierto, sólo puede hacerlo un profesional.

ARRUGAS EN LOS OJOS

Si eres joven, al reírte se te marcan tus arrugas en los ojos. Pero en realidad, no son arrugas, sino marcas de expresiones naturales.

También al hablar, hay gentes muy expresivas que hacen muchos gestos, y entonces se marcan esas arruguitas. . . Claro que cuando eres joven, se ven graciosas, chistosas y hasta bonitas. . . Pero llega una edad en que esas arruguitas no son ni graciosas, ni chistosas ni bonitas. . .

¿Qué es lo que tenemos que hacer? Prevenirlas.

Por ejemplo, cuando vas a la playa, te tiras a tomar el sol, tratando de tener un bronceador perfecto en la cara y en el cuerpo. ¡Pero eso no es el chiste!. . . Esas locuras luego traen consecuencias. . .

Hay que tomar todas las precauciones necesarias para nuestra piel.

Si te quieres broncear, hazlo, pero sin exponerte. ¿Cómo? Bueno, te lo voy a decir.

Cuando estés acostada tomando el sol, ponte dos algodones empapados de glicerina y vaselina mezclados con un poco de crema de sábila. Todo esto se revuelve perfectamente bien, y se pone en los algodones sobre los ojos para protegerlos.

Cuando salgas a caminar por el mar, o a pasear en lancha, no olvides ponerte tus lentes oscuros, para evitar así que los rayos del sol lleguen directos a la piel de tus ojos.

Ahora, a continuación te voy a dar una magnífica receta para evitar las arrugas en los ojos. Este tratamiento lo puedes usar como mascarilla cada tercer día. Compra

- 10 gramos de cera de abeja
- 30 gramos de lanolina anhidridada
- 2 miligramos de aceite de zanahoria
- 20 miligramos de aceite de oliva
- 20 miligramos de vitamina A
- 20 miligramos de agua de amamelis
- 100 miligramos de agua de rosas
- 50 miligramos de aceite de girasol, y
- una cápsula de vitamina E

Se derrite la cera a fuego lento, en seguida se ponen los demás ingredientes, menos el agua de rosas. Cuando ya los ingredientes están bien mezclados, se retira el recipiente de la lumbre y se le agrega el agua de rosas, mezclándolo perfectamente con el resto. Lo vaciamos a un frasco, donde se pueda hacer uso de esta mezcla todas las noches, aplicando un poquito sobre tus ojos.

Con esto le vamos a ganar tiempo al tiempo, para evitar que no nos salgan tan rápido estas arrugas que nos paran los pelos de punta.

Te voy a dar otra receta que también es para lo mismo. Esta receta es muy sencillita, pero muy efectiva.

- Unas hojas de salvia
- una ramita de perejil
- una cucharadita de miel de abeja

Se pone a hervir medio litro de agua, se le agregan unas 10 hojitas de salvia y el ramito de perejil. Ya que hierve perfectamente lo retiras de la lumbre y lo endulzas con la miel. Este té lo vas a tomar en ayunas. Sirve muy bien para prevenir las arrugas. Como ves, amiga, yo pongo en tus manos mis mejores recetas y consejos, ahora tú sabes si los sigues o no.

Ahora te voy a dar la receta de una mascarilla muy efectiva:

- suero fisiológico
- miel de abeja
- aceite de oliva

Mezclas por partes iguales una pequeña porción de los ingredientes y los mezclas perfectamente bien. Te lavas muy bien la cara y te aplicas la mezcla durante 20 minutos. Después enjuagas perfectamente con agua tibia y luego le das la última enjuagada con agua fría para fortalecer los músculos de la cara.

MANCHAS EN LA CARA

Las manchas pueden salir por diferentes motivos. Por el sol, por medicinas, por alguna intoxicación, en fin, por muchas causas. Pero las más comunes son las manchas del embarazo o por mal funcionamiento del hígado.

¿Qué es lo que hay que hacer?

Yo les aconsejaría que prueben lo siguiente, que si no les hace bien, tampoco les va a hacer mal.

Se compran boldo y todos los días en la mañana ponen un litro de agua a hervir, y se preparan un té. Se lo toman en ayunas y lo que sobre se lo toman fresco, como agua del día.

Si las manchas son por el hígado, lo más seguro es que en 6 meses las manchas se les desaparezcan.

Ahora bien, si las manchas son de sol pueden mezclar pomada de la campana con un poco de limón. Eso se lo aplican todas las noches antes de dormir y ya verán los resultados. Este tratamiento es más completo si antes de aplicarse la pomada de la campana con limón, se frotan la cara con cáscaras de pepino. Ese juguito que suelta la cáscara sirve muy bien para blanquear, inclusive se puede usar en el cuello. Ya después de haberlo usado, se aplican su pomada como les dije antes.

Es muy importante que mientras se hagan este tratamiento no se asoleen, para que no sea contraproducente.

Esta receta también sirve para las manchas del cuello o las manchas dejadas por los barros, pero recuerden que como les dije, se necesitan paciencia y constancia.

PIEL ÁSPERA

Este problema es posible que lo tengan alguna que otra de mis amigas, pero es más común que aparezca en los hombres, de todos modos, yo les daré la receta para su tratamiento, para que la utilicen quienes la necesiten.

La piel áspera es aquella que se ve muy seca, pero no con una resequedad común sino diferente, que incluso hasta se parte.

Es una piel, de plano, dejada de la mano de Dios y todo porque seguramente no ha recibido los cuidados necesarios, porque no le han dado la amabilidad, ¿por qué no decirlo así?. . . La amabilidad de protegerla y proporcionarle lo que necesita.

¿Y qué es lo que necesita esta piel?

Primero que nada, mucha humedad. Hay que empezar por tomar mucha agua, yo diría unos 2 litros de agua todos los días; también se debe aplicar suficiente crema humectante para que la piel empiece a hidratarse.

Una receta para este tipo de piel es la siguiente:

Mezcle un poco de vaselina con otro poco de glicerina y machaque muy bien un pepino con todo y sus semillas. Ponga estos ingredientes en su licuadora y revuélvalos muy bien, agregue después un pedazo de sábila y lícuelos nuevamente.

Con esta crema, en su baño se unta de la cara hasta los pies si también la piel del cuerpo es áspera y seca, dejándola 20 minutos.

Después, se mete a bañar con agua caliente. Luego del baño, como los poros están abiertos, se toma nuevamente un poquito de esta crema y se vuelve a poner en todo el cuerpo, frotando hasta que penetre.

Este procedimiento se repite todos los días, hasta que se empiece a notar que la piel recupera su elasticidad y tersura.

También es muy recomendable para este problema tomar vitamina B, porque ayuda a mejorar la salud y el aspecto de la piel.

Amigo, amiga, si éste es tu problema no te descuides y sigue mis consejos.

Te aseguro que notarás una mejoría.

PARA REFRESCAR LA PIEL

Este consejo también es muy sencillo y muy efectivo.

Cuando quieras ir guapísima a alguna fiesta o reunión, o simplemente a la oficina, te voy a dar un consejo para que tu piel luzca espléndida y radiante. Pon atención:

Primero limpias y lavas perfectamente bien tu cara. Ya que lo hayas hecho, partes una naranja con todo y cáscara en rodajas y te la pones en toda tu cara.

Con las rodajas en la cara te recuestas durante 20 minutos, con los ojos cerrados, muy tranquilita y sin preocupaciones, pensando solamente en lo guapa que vas a lucir.

Cuando pase el tiempo, te quitas las rodajas y te enjuagas únicamente con agua fría.

Después, te secas con tu toalla pero sin tallarte la cara, únicamente te das unos ligeros golpecitos muy suaves, para que la toalla absorba el agua.

Cuando termines te maquillas como más te guste, pero ahora notarás la diferencia al maquillar un cutis suave y terso.

Te aseguro que igual que tú, todo el mundo también notará la diferencia que la naranja hizo en tu cutis.

Lo que sí quiero que quede muy claro es que mis consejos y recetas deben seguirse al pie de la letra y no andarse interpretando a su gusto o manera. Si yo digo se aplican rodajas en la cara, no se les vaya a ocurrir la idea de ponerse mejor jugo de naranja, pensando que es más efectivo... ¡No señora!

Todo tiene su función y su porqué.

Si yo digo rodajas, es que para este tratamiento cuenta mucho el zumo de la cáscara de la naranja. El jugo se lo toma, que le va a hacer mucho bien a su organismo.

Ahora, esta receta también la puede seguir el señor de la casa. Después de que se rasure, se pone también sus rodajas de naranja y descansa por 20 minutos. Luego se enjuaga muy bien su cara con agua fría y se pone su crema humectante.

Receta sencilla, fácil y barata, pero antes que nada, muy efectiva. ¡Pruébela!

TRATAMIENTO PARA SUAVIZAR
Y TONIFICAR EL CUTIS

Este tratamiento es especial para cutis seco, normal o mixto.

Se machacan 10 uvas verdes sin semilla y se mezclan con un poquito de aceite de ajonjolí tibio. Todo se revuelve muy bien y se aplica en la cara como mascarilla. Se deja 20 minutos y se enjuaga primero con agua tibia y luego con agua fría.

¡Ya verán cómo les queda el cutis después de este tratamiento!. . . ¡Como de bebé!. . .

Ahora que también esta mascarilla la puede usar un cutis grasoso, pero sin aceite, es decir, sólo las uvas bien machacadas. También se dejan 20 minutos y se enjuaga igual como ya dije.

Si les gustó esta receta, pues manos a la obra. . . Empiecen ahora mismo para que cuanto antes vean los resultados.

PARA CONTROLAR LA GRASA
DEL CUTIS

Se corta un pedazo de aproximadamente 20 centímetros de sábila y se pone a hervir en 2 litros de agua. Ya que haya hervido muy bien, se retira de la lumbre y se lleva al baño.

Con esa agua, lo más caliente que puedas aguantar, te lavas tu cara todas las noches antes de dormirte. Ya verás como a medida que avances en tu tratamiento notarás cómo tu cara deja de producir tanta grasa, pero sin perder frescura y lozanía.

MASCARILLA DE SÁBILA

Y ya que de sábila hablamos, les voy a dar una receta para una mascarilla buenísima para tonificar cualquier tipo de cutis.

Se corta un pedazo de sábila y se asa en un comal. Después se pasa por toda la cara, cuidando que el líquido que suelta se quede en el cutis. Esta especie como de babita, nos las aplicamos perfectamente bien en la cara y en el cuello, dejándola 20 minutos. Luego, nos enjuagamos perfectamente con agua fría para cerrar los poros.

Una de las ventajas de esta receta es que la sábila penetra profundamente y al cerrar los poros con el agua fría ya no se llenarán ni de polvo ni de esmog, ni de ninguna otra impureza del ambiente.

Después de haberte enjuagado, te puedes maquillar como acostumbras, notando que en tu cara ha quedado una película muy ligera del mismo líquido de la sábila, que aparte de tonificar el cutis como dije, te va a servir también como filtro protector.

Como ven, esta receta también es muy sencilla, y además. . . . ¡muy mexicana!

LAS ENCÍAS

En nuestra cara hay muchos elementos que llaman la atención de los demás. Nuestros ojos, nuestras cejas, nuestra boca. . . y nuestros dientes y encías.

Yo he visto mujeres muy hermosas, muy bien maquilladas y peinadas, pero que cuando se sonríen. . . ¡horror! Tienen las encías hinchadas o sangrantes.

¡Eso da un aspecto tan desagradable!

Primero que nada, quiero decirle que el tener las encías así es síntoma de que están enfermas y débiles, por lo tanto, hay que tener mucho más cuidado que el normal con la higiene de nuestra boca y, sobre todo, consultar a su dentista.

Por lo pronto, y como receta casera y efectiva, yo les recomiendo lo siguiente:

Se ponen a hervir 10 cáscaras de nuez en 1/2 litro de agua. Una vez que este té haya hervido muy bien, se cuela y con él se hacen buches de agua todos los días después de lavarse los dientes, es decir, 3 veces al día.

Esto se hace durante una o dos semanas hasta que se empiece a notar que las encías mejoran y se fortalecen.

Recuerden que el cuidado de la cara abarca todos sus aspectos, y las encías por nada de este mundo deben descuidarse. Atiendan mi consejo.

EL MAQUILLAJE DE LA BOCA

¡Atrévete a sonreír abiertamente!

Mantén tus dientes bien cuidados y tu aliento agradable. ¡Serás más atractiva!

Ahora, en cuanto al maquillaje de los labios, vamos a tocar específicamente el punto del tamaño de los labios.

Si tu boca es chica y casi no luce cuando te la pintas, vamos a hacer un pequeño truco para dar la impresión de que es más grande.

Con un lápiz delineador de labios te pintas el contorno de tu boca cuidando pintar el labio de abajo más grande de su tamaño normal, dándole una apariencia más sensual.

Después te rellenas los labios con tu tubo de labios, usando un color brillante y llamativo. Puedes utilizar también un pincel si así lo deseas.

Si tu boca es grande, procederemos igual, pero ahora pintando el contorno de la boca más chica, es decir, dentro de los labios. Luego, te la pintas del tono más natural que encuentres, para que no se vea tan llamativa, sino lo más discreta que se pueda. Pero no olvides, ya que es muy importante, que aun la boca más bella pierde su encanto cuando muestra unos dientes descuidados. ¿No lo crees?

BOCA SANA Y DIENTES BRILLANTES

¡Fíjate nada más!...

Son 32 piezas las que hay que cuidar.... Y no te estoy hablando de ningún museo, sino que te estoy hablando de la boca. Hay 32 piezas dentales que hay que cuidar, cepillar y mantener limpias y sanas.

Para eso, es necesario visitar regularmente al dentista, para que nos ayude a prevenir cualquier problema que pueda formarse por descuido.

El dentista, con sus conocimientos y sus aparatos, puede detectar cosas que nosotros no vemos ni nos enteramos hasta que algo nos empieza a doler, y luego ya es tarde. Por eso, te recomiendo que veas al dentista por lo menos 2 veces al año.

Ahora, aparte de que lo consultes, yo, desde mi experiencia, te voy a dar unos consejos que te ayudarán a mantener tu boca y tus dientes cuidados.

Primero, por lo menos dos veces a la semana cepíllate los dientes con bicarbonato en vez de tu pasta dental. Notarás que se blanquean y que se quita lo amarillento del cigarro.

También puedes mezclar el bicarbonato con limón y hacer buches después de haberte lavado los dientes.

O bien, con el puro limón agrio, puedes hacer unas gárgaras de vez en cuando. Esto te va a ayudar a desinfectar la boca y además te refrescará el aliento.

Recuerda que todo esto también forma parte de la belleza, así que tienes que ponerle atención y cuidado.

Muy importante es que evites, hasta donde puedas, los dulces y las golosinas, o que por lo menos, cuando los comas, te laves perfectamente bien los dientes para que no se te quede ningún residuo de azúcar que tanto daño hace a los dientes, provocando muchas veces las temidas caries.

Si quieres tener unos dientes fuertes es necesario que tomes calcio. Procura tener en tu mesa alimentos ricos en este mineral, como son la leche, los quesos, la naranja, el pescado, en fin, averigua y selecciona los que más te gusten a ti y a tu familia. En cuanto al lavado y cepillado de los dientes, te aconsejo que no uses cepillo con cerdas duras, porque además de que puedes dañarte el esmalte de los dientes, te lastimas las encías.

Ten en cuenta que la utilidad del cepillo no es la fuerza con la que te laves los dientes, sino la forma en que lo hagas.

Con esto te quiero decir que tienes que cepillarlos suavemente, como si les dieras un masaje, pero cuidando al mismo tiempo que queden limpios.

Para tu mayor seguridad, consúltale a tu dentista acerca de la mejor manera para cepillarte los dientes, y sigue sus consejos tal y como te los diga.

Otra cosa que también le hace mucho daño no sólo a los dientes, sino a todo tu organismo es el cigarro. Lo ideal es que trates de dejar de fumar... tus dientes te lo agradecerían, ya no tendrían esas horribles manchas amarillentas que se presentan cuando las personas fuman mucho... Si en un hombre se ve desagradable, ¡imagínate en una mujer! Y también el café.

¡Ya sé lo que estás pensando! ¡Que son demasiados sacrificios por la belleza! Pues sí, pero te recuerdo que no sólo son por la belleza, sino también por tu salud. Además, hasta tu bolsillo te lo agradecerá, porque el dinero que usas para comprar cigarros es como si lo quemaras ¡Nada más saca tus cuentas y verás!

En cuanto al café, con que no tomes tanto ni tan cargado, te darás cuenta de que las manchas no serán por lo menos tan notorias, pero eso sí, allá tú... Yo cumplo con avisarte y aconsejarte. Por lo menos deja descansar por un tiempo tu sistema nervioso. Tú tienes la última palabra.

Siguiendo con el tema de la limpieza de los dientes, todos sabemos que lo ideal es lavarlos por lo menos 3 veces al día, pero yo quiero hacerles notar que hay que hacerlo especialmente después de la cena; también es muy importante que les des masaje a tus encías. Esto lo debes hacer cuando menos 2 veces a la semana y es muy sencillo, sólo tienes que frotarlas suavemente con tu dedo índice.

También acostúmbrate a usar el hilo dental diariamente, aun cuando creas que te has lavado perfectamente la boca, porque muchas veces el alimento se queda entre los dientes donde el cepillo no los alcanza, y ahí pueden permanecer días enteros. Como es material orgánico, se descompone provocando daño en tus dientes aparte de mal aliento. Ahora te doy unas recetas sabrosas para ayudar a tu boca.

Para un buen aliento, mastica de vez en cuando unas hojas de romero, mejorana o yerbabuena.

Para fortalecer los dientes, mastica un trozo de apio o una manzana, o un pedazo de zanahoria.

Recuerda, no temas sonreír para que encuentres otra sonrisa en tu camino. Pero para sonreír con seguridad y confianza, sigue los consejos que te doy.

LOS OÍDOS

Casi nadie le da verdadera importancia al aseo e higiene de las orejas. Normalmente, cuando nos bañamos, estamos más pendientes de la cabeza, la cara, el cuello y el resto del cuerpo, descuidando muchas veces las orejas.

Como ya les he dicho, yo soy muy observador y en la peluquería, donde tengo la oportunidad de tener tan cerca las cabezas, me doy cuenta de quién se sabe lavar los oídos y quién no. Es más, muchas veces ni siquiera se los secan como debe ser.

Esto trae como consecuencia que el agua y el jabón, mezclados con la cerilla natural del oído, dan un aspecto de suciedad.

No quiero decir que sean sucias, sino que son descuidadas. Hay que lavarse en la regadera muy bien las orejas, tanto por dentro como por fuera, teniendo mucho cuidado en no lastimarse, pero haciéndolo a conciencia.

Después, hay que enjuagarse perfectamente y secarse ya sea con la punta de la toalla, o con un pañuelo desechable, tratando de que no quede ni agua ni jabón.

Recuerden que el oído, además de ser una parte muy importante y sensible de nuestro cuerpo, es el lugar donde termina un beso...

Ya sea de amor o de amistad, pero es un lugar donde una persona querida está cerca, y qué mejor que cuidar su higiene y aspecto. Así que amigas, mucha atención. No descuiden esta parte de su persona.

Recuerden que es muy bonito que nos hablen al oído y que nos digan cosas tiernas y bonitas, pero para eso hay que ofrecer un oído limpio y agradable. Que no se les pase.

EL CUELLO

Ésta es otra parte del cuerpo a la que también no se le pone suficiente atención.

Muchas veces, al no lavarlo bien, notamos como poco a poco se va poniendo más oscuro, en comparación con la cara y el resto del cuerpo.

Ahora, en caso de que se lo lave bien pero el cuello se siga poniendo oscuro, le doy el siguiente consejo:

Exprima unos limones y con un algodón se pasa el jugo

por todo el cuello, cuidando también hacerlo en la parte de atrás. Esto lo repite dos veces a la semana y notará cómo se le empieza a blanquear.

También puede hacer la siguiente mezcla. Revuelva pomada de *La Campana* con el jugo de unos limones y aplíquesela en las noches antes de dormirse, dejándosela hasta el otro día. Al bañarse, se la quita con agua caliente.

Receta fácil y barata, pero con magníficos resultados. ¡Comprobadísima!

LA PAPADA

¡Cuántas molestias causa la papada!... A nadie nos gusta, pero casi nunca sabemos qué hacer para evitarla.

Muchas veces se debe a exceso de peso, por lo tanto, lo ideal será quitarnos esos kilitos de más, pero otras veces aparece sin que estemos gordos.

Bueno, en ese caso voy a darles unos ejercicios, pero recuerden que deben ser diarios, porque de otra manera no funcionan.

Pónganse frente a un espejo e imagínense que están haciendo buches y traten de mover los músculos del cuello lo más que puedan, contrayéndolos con fuerza y luego aflojándolos.

Si son constantes, comenzarán a notar una mejoría más pronto de lo que se imaginan.

Con esto he terminado el capítulo de la cara. Creo que he abarcado lo más importante y significativo.

Espero de verdad que mis consejos les funcionen. Como les dije al principio, la cara es la tarjeta de presentación, preocúpense y pongan todo de su parte por mejorarla. Recuerden que hay muy pocas bellezas naturales, lo importante es sacarse el mejor partido posible con lo que uno tiene.

Mírese en un espejo y analice su rostro con sinceridad.
Si algo no le gusta, decídase y cámbielo de una vez.

Recuerde que no hay peor lucha que la que no se hace.

¡Empiece ahora!

EL CUERPO

Como ustedes han notado, mis consejos de belleza empezaron primero por la cabeza, después seguí con la cara y ahora le toca el turno al cuerpo.

No importa la edad y mucho menos la condición económica, siempre hay que cuidarse. Recuerden que el cuidado del cuerpo no sólo es belleza, sino también salud.

EL BUSTO

El tejido del busto es muy delicado y por lo tanto, para fortalecerlo y tonificarlo, primero hay que empezar por ejercicios para el pecho.

Uno muy sencillo y efectivo es el siguiente:

Junte sus dos manos al frente, con los dedos hacia arriba, como si estuviera rezando y apriete las palmas con fuerza. Al hacerlo, notará cómo los tejidos del busto trabajan. Repita esto cada vez que pueda unas 50 veces y notará cómo empiezan a fortalecerse y a endurecerse los tejidos del pecho.

Ahora, para ayudar a tonificarlo le voy a dar una receta.

Compre 2 apios, lávelos bien y quíteles las hojas. Después los parte en pedazos y los pone en 2 litros de agua de colonia cerrándola y dejándola en algún lugar seguro. De preferencia donde no le dé la luz y esté fresco.

Después de 15 días, saca los apios y con esta loción se dará masajes en el busto con suavidad y cuidado.

Este masaje se lo dará en forma giratoria, de abajo hacia arriba. Cuando termine su masaje, póngase un sostén que le mantenga firme el busto y lo ponga en su lugar. Esta loción también puede usarse para darse masajes en el estómago cuando empieza a ponerse flácido.

El masaje en el vientre debe ser primero de afuera hacia adentro, luego de abajo hacia arriba y por último del pecho hacia el centro. Todo esto deberá hacerlo con firmeza pero con suavidad. Evite tallarse de más, porque lo único que conseguirá es aflojar más los músculos del estómago.

Después del masaje, póngase una fajita que no le apriete demasiado o un vendaje suave, para ayudar a sostener los músculos del estómago.

Para lograr de verdad resultados sorprendentes, lo ideal es acompañar estos masajes con abdominales. Si lo hace así, notará el cambio en unos cuantos días.

Esta loción también la puede usar el señor con los mismos resultados.

Tonifique sus músculos y no los deje caer. Recuerde que no es tan importante la edad que uno tiene, sino la que representa. Cuide su cuerpo.

LAS AXILAS

Ésta es una parte muy delicada y por lo tanto muy desagradable, si usted no tiene la precaución o la atención de hacerse un buen trabajo en sus axilas.

Yo le llamo un buen trabajo a depilarse perfectamente. ¿Por qué prefiero la depilación? Muy sencillo.

Si usted acostumbra depilarse con cera, su vello tardará más en salir que si se rasura. Además, con las rasuradas las axilas tienden a oscurecerse. Por esa razón, prefiero y recomiendo la depilación; claro que es usted quien decide.

Ahora, para aclarar las axilas, mezclamos un poco de *pomada de La Campana* con jugo de limón, y se aplica después de la depilación o de la rasurada. O también, se puede mezclar un poco de polvo para decolorar con jugo de limón y aplicarse de la misma manera.

BRAZOS VELLUDOS

Algunas de mis amigas, sobre todo las que tienen mucho pelo, se quejan amargamente de tener el problema de los brazos velludos. Muchas veces no saben qué hacer y se desesperan.

¡En fin! Parece que nunca estamos contentos con lo que Dios y la Madre Naturaleza nos han dado.

Pero si no existiera esta situación, entonces tampoco existiríamos nosotros los que nos dedicamos a dar consejos de belleza, y ni yo ni este libro tendríamos razón de ser. . .

Así que adelante.

¿Cuál es mi consejo para este problema?

Muy sencillo.

Se compra polvo decolorante y se mezcla con peróxido de 20 volúmenes en un recipiente muy limpio. Ya que esté bien mezclado, se aplica en los brazos con un algodón y se espera 20 minutos.

Después de este tiempo, se lavan los brazos enjuagando muy bien. Enseguida notarás cómo los vellitos se han aclarado un poco.

No esperes que con la primera aplicación te cambien totalmente de color. Después de un mes, repites el procedimiento y te quedarán mejor. Te esperas otro mes, y lo haces nuevamente y ya estarán del color que los deseas.

Te advierto que tienes que esperar este tiempo para hacerte las decoloraciones, de otra manera puedes maltratar y resecar la piel de tus brazos.

Recuerda que algunas cosas necesitan tiempo, así que no te desesperes.

Ya te dije, necesitas por lo menos 3 meses para lograr lo que deseas, así que paciencia. Ahora, este procedimiento es recomendable para mis amigas que tienen la piel clara o son morenas claras. Si tú eres demasiado morena, mi consejo es que no lo hagas, porque el contraste será muy notorio.

Déjate los vellos como los tienes. . . Te voy a confesar una cosa. A mí, me encantan las vellos en los brazos. . . Se me hacen muy sensuales. . .

Claro que si tú quieres intentarlo la decisión es tuya. Prueba. Lo que sí te recomiendo entonces, es que te decolores una sola vez, nada más para quitarte lo oscuro de los vellos y que te queden de un tono cafecito, pero sin llegar a aclararlos demasiado. Si ése es tu deseo, cúmplelo. Total, nada pierdes.

LAS MANOS

¡El asunto de las manos es tremendo!

¿Por qué?

Porque ahí es donde más se nota la edad. Parece increíble, ¿verdad? Pero así es.

Y es que las manos tienen que soportar tantas cosas. . .

Con ellas limpiamos los muebles con productos que muchas veces contienen ácidos, las metemos al agua caliente, al agua fría, las tallamos con la ropa, en fin. . .

Por todo eso, nuestras manos tienden a resecarse y a estropearse más que cualquier otra parte de nuestro cuerpo.

¡Hasta cuando la temperatura cambia nuestras manos lo resienten!

Se arrugan, se enrojecen, se deshidratan o se resecan ¡Nuestras pobres manos sienten todo!

Así que vamos a intentar desde ahora darles una atención especial, ya que es muy sencillo tener unas manos lindas, tersas y suaves.

Recuerden que nuestras manos merecen todo nuestro cuidado, ¿se imaginan qué haríamos sin ellas? Sería fatal, ¿no creen?

Por principio, tenemos que acostumbrarnos a usar guantes para el quehacer de la casa. De esta manera, por lo menos las protegemos un poco. También inmediatamente que terminemos de lavar o limpiar cualquier cosa, hay que ponerles suficiente crema humectante que contenga vaselina, o algún producto suavizante especial para las manos.

Aparte de eso, voy a darles un tratamiento que les dará también excelentes resultados para mejorar el aspecto de sus manos.

Se pone a hervir un litro de agua, cuando ya esté hirviendo se le agregan unas hojas de laurel, nogal y un pedazo de apio.

Con este té, se enjuagan muy bien sus manos por lo menos 3 veces a la semana. Ahora, si notan que su cuerpo también requiere suavizarse e hidratarse, también pueden usarlo como un enjuague final después de su baño.

¿Sencillo, no?

Pues entonces, manos a la obra, o mejor dicho, manos al té.

LAS UÑAS

Las quejas de los problemas de las uñas son variadas y constantes.

Que si no crecen, que si se rompen, que se descarapelan, que se abren de la punta, en fin, quejas de todas.

Bueno, pues mi primer consejo para el cuidado de las uñas es el siguiente:

Todas las mañanas se deben tomar una gelatina con el desayuno y otra gelatina en la noche con la cena o antes de dormirse, de preferencia sin sabor. Esto es infalible si lo hacen con constancia.

Además, también para fortalecerlas por fuera, deben seguir este otro consejo. Se parte un diente de ajo a la mitad, y se lo unta a sus uñas bien limpias, las deja ventilar aproximadamente una hora con el fin de que el ajo penetre. Después de ese tiempo, se aplica su barniz de uñas ya sea natural o con color, y listo.

Con esto sus uñas empezarán a crecer fuertes, pero no olvide que debe tomarse sus dos gelatinas diarias, para que logre los resultados que desea.

También es muy importante la manera como usted se lima las uñas. Debe tener mucho cuidado al hacerlo para evitar que las uñas se abran o se partan. Tiene que limarse parejo siguiendo el contorno de la uña, sin dejar asperezas.

Si sus uñas son escamosas o ásperas de naturaleza, les recomiendo que las remojen por unos 10 minutos en aceite de almendras o de olivo calientito. Luego de este tiempo, saca usted sus uñas y les da un masaje con un algodón, así las escamas se irán saliendo y las uñas se suavizarán.

Ese mismo aceite tibio se lo puede poner después en sus manos, frotándolas con cuidado para que también aproveche y se haga un tratamiento de aceite.

Mientras espera que el aceite penetre en sus manos, usted puede tomar un pedazo de franela seca o una lija suave de papel y pulirse las uñas.

Cuando termine, se enjuaga las manos con agua fría para quitarse el aceite y al mismo tiempo para que las uñas se endurezcan, y al final, se da otro enjuague con té de manzanilla frío en las manos y en las uñas.

Si sigue usted mis consejos, lucirá una manos preciosas y unas uñas envidiables.

Recuerde que la belleza cuesta, pero los resultados valen la pena.

CUIDADO DE LA PIEL DURANTE EL EMBARAZO

Antes que nada, aparte de felicitarlas, les recomiendo a mis amigas embarazadas que sigan al pie de la letra los consejos del médico en cuanto alimentación y cuidados. ¡Ojo! ¡No se pasen de peso, por favor!... Recuerden que no benefician con esto al niño y que además pueden tener problemas en el parto. Otra cosa: luego van a tener muchísimos problemas para recuperar su peso. Así que amigas, ¡abusadas!

Una situación muy común en el embarazo son las estrías en el estómago, las cuales si no se cuidan se quedan para toda la vida.

Yo tengo una receta que se la he pasado a todas mis amigochas del salón cuando han estado esperando sus bebés; ellas mismas me han contado lo bien que les funcionó.

Así, que para ustedes, y en exclusiva, una de mis recetas estrella. Más adelante les daré otra para después del parto, para colocar los músculos del estómago otra vez en su lugar y reafirmar los tejidos. Estas dos recetas han sido un exitazo, así que ahora las comparto con ustedes las lectoras de mi libro.

La primera receta es tan sencilla que siempre que la doy hasta se sorprenden de su facilidad y de su bajo costo. Recuerden que una de mis pretensiones al escribir este libro es precisamente ésa, dar recetas buenas y baratas para así ayudar a la economía de todas mis amigas, que como ustedes, me hacen caso en mis consejos.

Ahí les va.

Compran vaselina sólida, glicerina líquida y las revuelven muy bien. Aparte, toman una penca de sábila y le sacan toda la pulpa, cuidando de quitarle las venitas.

Estas tres cosas se revuelven muy bien y se aplican todos los días después del baño y antes de dormirse.

¿Fácil, no?

Bueno, pues con esto protegerás tu piel del vientre para que no se reseque ni se estríe, al proporcionarle los elementos humectantes que necesita; al mismo tiempo, le estás dando mayor facilidad a tus músculos para que se estiren al lubricarlos.

Ahora, si no tienes sábila o no la consigues, entonces compra crema de sábila en cualquier tienda naturista. Como te dije, la mezclas con la glicerina y la vaselina y te la aplicas igual en tu estómago y en todo tu cuerpo si así lo deseas.

Muy importante es que si en el transcurso del día sientes comezón en el vientre, ¡cuidado!, no vayas a rascarte porque vas a hacerle daño a tu piel.

Lo que debes hacer es aplicarte esta crema inmediatamente, dándote un buen masaje con suavidad, para que así alivies las molestias de la comezón.

Después de que nazca tu bebé, ¡lógico! los tejidos de tu vientre estarán flácidos. Aquí es cuando debes empezar a usar la segunda receta de la cual te hablé al principio. Sólo te quiero aclarar que si el parto fue por cesárea, entonces te tienes que esperar hasta que la herida te cicatrice antes de empezar el tratamiento para que no haya ningún problema.

La receta es la siguiente:

- 3 litros de alcohol alcanforado
- 1/4 de litro de éter
- 125 gramos de alcanfor
- 1 manojo de romero macho (1/4 de kilo)
- 1 manojo de ruda (1/4 de kilo)
- 5 cáscaras de plátano macho verde
- 10 cáscaras de nuez
- 5 rajas de canela.

Todo esto se revuelve en los 3 litros de alcohol alcanforado. Se tapa muy bien, y se deja reposar durante 4 días.

Después de este tiempo, ya se puede empezar el tratamiento. Todos los días después del baño te pones un poco de este preparado, dándote ligeros golpecitos en el estómago para que penetre. Antes de vestirte te recomiendo que uses una camiseta, ya que el tratamiento mancha.

En cuanto el médico te lo autorice, también sería muy recomendable que empezaras con un plan de ejercicios ligeros para endurecer los tejidos y los músculos. Pero pregunta antes, no voy a decidir por ti misma, porque si estás amamantando a tu bebé los ejercicios pueden provocar que se te vaya la leche.

Otra cosa, ¡por favor! ¡Por lo que más quieran!, no vayan a inventar que si ponérselo es bueno, amarrarse un trapo mojado con el tratamiento será mejor. ¡De ninguna manera! ¡Queda totalmente prohibido que se amarren compresas húmedas al estómago y anden por la casa! ¿Sabe por qué?

Porque es peligrosísimo y se pueden provocar un accidente terrible.

Recuerden que la base del tratamiento es el alcohol y el éter, los cuales se incendian con facilidad. Si ustedes se ponen ese trapo y se acercan a la estufa a cualquier flama, se pueden incendiar, así que nuevamente, ¡por favor! ¡No inventes cosas!...

Una vez más, les suplico que sigan mis consejos como yo les digo y no le agreguen nada de su cosecha porque puede ser muy peligroso.

Una vez aclarado este punto, sigamos con la segunda parte del tratamiento.

En la noche, antes de dormirse, es necesario que se pongan nuevamente el preparado tal como indiqué, con la diferencia de que ahora se pueden poner un poco de más cantidad y dándose sus palmaditas para que penetre.

Después, nuevamente se pone otra camiseta abajo de su pijama y a dormir.

¡Por ningún motivo invente que va a fumar en la cama y menos cuando se esté haciendo el tratamiento!... Ya le expliqué las consecuencias. Así que ¡buza caperuza!... Nada de olvidos ni distracciones.

Al otro día lo mismo, hasta que empiece a ver los resultados que desea.

Nuevamente les comento que esta receta ha causado revuelo. Al programa de televisión han llegado, sin exagerar, miles y miles de cartas preguntando por ella, ya que de verdad es muy buena.

También les quiero aclarar que esta receta le puede funcionar muy bien al señor de la casa y si acompaña el tratamiento con abdominales, los resultados serán ¡increíbles! Sólo que por favor, también hágale la misma advertencia para que no vaya a tener problemas de ningún tipo. Lejos de las flamas y los cigarros, por favor. . .

Como verán, este libro no sólo está dedicado a mis amigochas, sino también a los señores y a los chavos. Mi mejor deseo es que aquí encuentren las soluciones a sus problemas. Recuerden que su amigo Alfredo Palacios siempre se preocupa por ustedes.

DEPILACIÓN DE LAS PIERNAS

A todas aquéllas de mis amigas que se quieran depilar las piernas en su casa, les voy a decir cómo es que lo tienen que hacer. En primer lugar hay que comprar una cera especial para depilar, que la venden en las farmacias o los lugares de productos de belleza.

En su casa ponen a calentar la cera. Con una espátula o una tablita pequeña van tomando un poquito y se la aplican por tiras, comenzando por muslo y de abajo hacia arriba, es decir, de la rodilla hacia la parte más gruesa del muslo.

Antes de que la cera se enfríe se la arrancan de un solo jalón, tratando de que las tiras salgan completas y siempre de abajo hacia arriba.

Cuando hayan terminado con el muslo, siguen con la pierna, aplicando de la misma manera las tiras calientes del tobillo hacia la rodilla; en esa misma dirección se jalarán las tiras antes de que se enfríen.

En caso de que al jalar una tira noten que quedaron algunos vellitos, entoncen froten esa parte con un algodón empapado de alcohol en sentido contrario del vello. Luego pongan talco y continúen depilándose. Cuando terminen, aplíquense una tirita de cera en el lugar donde quedó vello y arránquensela de un tirón.

Una vez que hayan terminado de depilarse, van a hacer lo siguiente: abren por la mitad un tomate verde, de los que tienen rayas moradas, y se lo pasan por toda la pierna. ¿Por qué? Porque el juguito de este tomate ayuda a cerrar los poros y evita que el vello salga pronto, además que lo va debilitando poco a poco.

Así que tenga la precaución cuando se vaya a depilar de tener cerca su tomate, para así lograr un mejor resultado.

LOS PIES

Los problemas de los pies los tiene usted, los tengo yo, los tenemos todo el mundo. . .

¿Sabe por qué?

Porque por principio, no nos sabemos comprar los zapatos adecuados.

Hay que tener la precaución de comprarnos zapatos medio número más grandes de lo que se calza, con el fin de que el pie esté cómodo y transpire. De otra manera empezaremos a padecer uñas enterradas, callos en los dedos y en las plantas del pie, en fin, una multitud de inconveniencias que empiezan por la mala compra de un zapato.

Piense que un zapato incómodo produce mal humor. . .

Por eso cuide mucho lo que le estoy diciendo, inclusive cuando compre los zapatos para los niños hay que tener las mismas precauciones, ya que ellos a veces usan calcetas más gruesas y los zapatos los van a incomodar.

Ahora, cuando ya existe el problema lo indicado es visitar frecuentemente al pedicurista para que nos ayude.

En el caso de las uñas enterradas, lo más recomendable es que te corten el pedazo que se te entierra, y que le den a tu uña una forma cuadrada para que cuando crezca, salga hacia afuera y no tienda a enterrarse nuevamente.

Con los callos en los dedos también es necesario asistir al pedicurista. Una vez que te los haya quitado, cuando llegues a tu casa harás lo siguiente: partes un diente de ajo en rebanaditas muy delgaditas y te pones una de estas rebanaditas en el lugar donde te quitaron el callo, teniendo cuidado de fijarlo con una cinta adhesiva para que no se te caiga.

Esto lo puedes hacer unas 3 ó 4 veces después de que vayas al pedicurista. Pronto notarás que ese callo ya no te va a salir. Claro, te advierto que siempre y cuando empieces a usar tus zapatos medio número más grande de lo que calzas, porque si no tus problemas no se resolverán, por mucho que intentes seguir mis consejos.

En cuanto a los callos en la planta de los pies, también después del pedicure se pasa un ajo machacado. De preferencia hay que dejarlo pegado un tiempo con cinta adhesiva para que el resultado sea mejor.

Los talones

Si notas que se te forman callosidades en los talones, entonces frótate con una piedra pómez cuando te estés bañando, sobre todo en el talón, ya que con el agua se suaviza y es más fácil desprenderla. También es recomendable que después de bañarte te frotes con ajo. Haz esto frecuentemente para evitar que esa molesta callosidad vuelva a aparecer.

Recuerda que el cuidado de los pies es muy necesario, ya que es desagradable ver o tener unos pies descuidados o maltratados.

Imagínate lo que pensarían de ti si te exhibieras en una playa con los pies llenos de callos o los talones partidos. . .

Cuídate. De otra manera, vas a tener que andar escondiendo los pies en la arena.

Pie de atleta

Les voy a dar una receta muy buena para este problema.

- 100 gramos de manteca de puerco
- 2 sobres de azufre de clorato

Todo se revuelve muy bien hasta formar una pasta que vaciamos en un frasco. Todas las noches hay que aplicarse esta pasta en los pies muy limpios, luego se ponen un calcetín grueso toda la noche para facilitar que esta pasta penetre, evitando también manchar las sábanas.

Este tratamiento pueden hacerlo durante 15 días, según vayan viendo los resultados.

PARA LA PIEL DEL CUERPO

Si toda la piel del cuerpo es muy seca es muy recomendable poner en la tina del baño un frasco chico de aceite de almendras mezclado con agua caliente. Te metes y además de darte un delicioso baño que te va a relajar, al mismo tiempo te estás haciendo un tratamiento de aceite caliente en toda tu piel.

Si en tu baño no hay tina, entonces te metes a la regadera procurando que el agua esté bien caliente para facilitar que se te abran los poros. Después, te pones un poco de aceite de almendras dulces mezcladas con un chorrito de miel de abeja, desde la cabeza hasta los pies. Luego te enrollas con dos toallas empapadas de agua caliente pero bien exprimidas. Te pones una toalla en la cabeza y otra en el cuerpo, y te esperas 20 minutos. Te aconsejo que te lleves algo para leer, para que no te aburras. Después de que pase este tiempo, te das un ligero shampoo en la cabeza y con esta espuma te lavas el cuerpo sin volver a usar jabón en tu piel. A medida que te enjuagues, vas cerrando el agua caliente y abriendo la fría, con el fin de endurecer tus músculos y, al mismo tiempo, cerrar todos los poros de tu cuerpo para que el tratamiento penetre. Esto puedes hacerlo mínimo una vez a la semana.

Ahora, si tu piel está demasiado seca yo te aconsejaría que lo hicieras al principio 3 veces a la semana, ya después de que tu piel se vaya normalizando lo puedes hacer 2 veces a la semana, y luego una sola vez a la semana.

Si sigues mis consejos, vas a tener y a conservar una piel suave y tersa. Palabra.

PARA HIDRATAR LA PIEL DEL CUERPO

Cuando hace mucho calor sudamos mucho y nuestro cuerpo tiene que ser hidratado constantemente, porque hay que recuperar el agua perdida por el sudor.

Aquí te tengo unos consejos que te van a ayudar a hidratarte.

Primero que nada, como ya te he dicho, hay que tomar mucha agua y si es mineral, mejor. También puedes prepararte un té de limón, dejarlo refrescar y tomarlo durante todo el día como agua. Este té tiene la ventaja de que, además de hidratar tu piel, va a ayudarte a desintoxicar tu organismo.

Come mucha fruta durante toda la temporada de calor, especialmente te recomiendo que comas sandía ya que como tú sabes es la fruta que más agua contiene. Además, es ideal para refrescarte en el tiempo de calor, te hidrata y no engorda.

Por otra parte, también las vaporizaciones quedan indicadas. Cuando tengas tiempo, abre la llave del agua caliente y deja que el baño se llene de vapor. Este vapor va a ayudarte a abrir tus poros. Entonces te aplicas la siguiente crema.

Mezclas glicerina líquida, vaselina sólida y crema de sábila. Te las pones desde el pelo, el cuerpo y la cara, especialmente en tus labios, si los tienes resecos, y en tus arrugas, las cuales, al hidratarse, se notarán menos.

Esta crema la puede también usar toda tu familia después del baño diario, simplemente para hidratar y suavizar su piel. Esto los ayudará a mantener su piel tersa.

Sigue estos consejos y no dejes que tu piel se deshidrate, porque envejecerá prematuramente. Cuídala, especialmente si vives en un clima caliente.

UN DÍA EN EL MAR

Las vacaciones siempre son muy agradables y el sol se siente rico en la piel cuando uno se tira a broncearse en la playa. Pero ¡aguas!, el sol también puede ser perjudicial si no se toma con moderación. Puede dañar mucho tu piel, por lo tanto, no hay que tomarlo de manera desenfrenada... ¡Cuidado!

Por otro lado, el agua salada también perjudica mucho la piel, por eso te recomiendo que cuando llegues a tu casa o a tu hotel te des un buen baño de esponja con agua fría, cuidando de quitarte perfectamente la sal y la arena del mar, ya que posiblemente se te han metido en los poros. Si tu problema es de poros abiertos, entonces te lo puede agravar.

Después del baño, mezclas glicerina con vaselina y te lo aplicas en todo el cuerpo. Con esto vas a recuperar la humedad que has perdido. Al otro día, antes de volver a broncearte, te aplicas nuevamente esta mezcla, para así también preparar tu cuerpo para la deshidratación que va a sufrir.

En cuanto al cuidado de tus ojos, te recomiendo que pongas a hervir una taza de agua y cuando hierva le añades

119

unos pétalos frescos de rosa y un chorrito de glicerina. En cuanto se refresque, lo metes en un frasquito y te lo llevas a la playa. Cuando te tires a tomar el sol, ten la precaución de empapar unos algodoncitos con esta loción y ponértelos en los ojos. Si lo haces, notarás que no se te enrojecen y la piel no se te deshidrata y, por lo tanto, no se te arruga ni inflama.

Ahora, ¿sabías que la vitamina D aumenta la flexibilidad, resistencia y elasticidad de la piel? Bueno, pues así es. Por eso te recomiendo que consumas alimentos que la contienen, como son la leche, los huevos y el pescado. Ahora, si lo prefieres, también la puedes comprar en la farmacia y tomarla. Te va a funcionar de maravilla para mejorar el aspecto de tu piel.

CONSEJOS PARA ADELGAZAR

Para adelgazar, lo único que se necesita es dejar de comer. No hay de otra.

Por supuesto no me refiero a dejar de comer para siempre, sino a dejar de comer las cosas que más engordan, pero sobre todo, a disminuir las cantidades de comida que se toman cada vez que se sientan a la mesa. ¡Hasta parece que es el último día que van a comer!... Yo he visto comer a personas tanta cantidad de comida, que hasta da asco... De veras, ¡bájenle!...

Yo les aconsejo que para que esto se les facilite en cuanto empiecen a sentir hambre antes de comer, se coman dos o tres manzanas. Notarán cómo su apetito disminuye a la hora de sentarse a la mesa, y por consecuencia comerán menos.

El seguir este consejo les ayudará a muchas cosas. Primero, no aumentarán de peso, segundo, aprovecharán todas las vitaminas de las manzanas, y además, fortalecerán sus encías.

Otra manera de perder kilos rápido es tomarse un licuado temprano en la mañana, cuidando que esté muy completo y que tenga suficientes proteínas. Durante el día, ya sea en tu casa o en la oficina, procura comer sólo manzanas y ya en la tarde, nuevamente en tu casa, comes tu comida normal pero sin abusar de lo que engorda. Ya para dormirte, te puedes tomar una gelatina. Con esto, verás cómo empiezas a bajar de peso.

Recuerda que las dietas no sirven para nada si antes no se tiene la suficiente fuerza de voluntad para adelgazar.

Intenta cambiar tu dieta. Procura comer mucha fruta y verduras cocidas sin sal antes de tus alimentos fuertes, para que no tengas tanta hambre a la hora de comer.

Como ya te lo he dicho muchas veces en este libro. . . Todo es cuestión de disciplina.

Con esto, acabo con mis consejos para el cuerpo. Ahora voy a proseguir, con tips y sugerencias para todo en general, así que continúa leyendo con mucha atención porque puedes encontrar alguna cosa que te interese. Ojalá que todo lo que ya te he platicado haya sido de tu agrado, y te animes a practicarlo cuanto antes para que empieces a solucionar tus problemas de belleza y te conviertas en una mujer atractiva.

CONSEJOS, SUGERENCIAS Y RECETAS ESPECIALES

CONSEJOS Y SUGERENCIAS

Esta sección está pensada para dar soluciones a problemitas que no son tan graves, pero que no por eso dejan de ser molestos. Aquí trato varios temas en general, por lo que espero que encuentres lo que te interesa o algo que te llame la atención por ser novedoso y atractivo. De todas maneras, tienes libertad de probarlo todo, a ver qué resultados encuentras. Por mi parte, deseo de todo corazón que estos tips les ayuden, ya sea a ustedes o a cualquier amigo o familiar. Ahí se los dejo a su consideración, a ver ustedes qué opinan.

Dolores de cabeza

Vamos a empezar con los molestos dolores de cabeza que tantas veces nos impiden estar de buen humor. Para eso, te doy un consejo muy sencillo: aplícate sobre la frente una cataplasma de almendras amargas. Ya verás que bien te funcionan.

Para relajar tensiones

Si has tenido un día muy pesado y llegas tenso y cansado a tu casa, prueba lo siguiente:

Tómate un vaso de leche caliente endulzada con miel, haz luego un poco de ejercicio y toma un baño de agua caliente, metiéndote en la cama inmediatamente. Ya verás qué bien te sientes.

Otro consejo es que pongas a hervir manzanilla, ramos de naranja, ramos de limón agrio y unos pétalos de rosas. Con esta infusión te das el último enjuague en tu cuerpo después de bañarte con agua tibia y ¡a la cama!...

Yo he hecho esto varias veces y me ha funcionado muy bien. Me relaja y me hace dormir a gusto toda la noche.

Insomnio

Prepárate el siguiente té:

Pones a hervir flor de azahar y valeriana. Cuando haya hervido lo pones en una taza y le agregas una cucharadita de Pasiflorine. Te lo tomas en la cama y te relajas, disponiéndote a domir inmediatamente.

Para la vista

Lo que más ayuda a mejorar la vista es la vitamina A. Y les aclaro que no sólo ayuda a la vista sino también a la piel, siendo también efectiva para sanar raspones y cualquier clase de heridas.

Los alimentos más ricos en vitamina A son: el hígado, la zanahoria, la mantequilla y las sardinas.

Para descansar los pies

Colóquese una bolita de ping pong bajo las plantas de los pies e intente moverla hacia adelante y hacia atrás, suave pero constantemente. Este ejercicio ayuda no sólo a descansar los pies, sino también a mejorar su circulación. ¡Pruébelo!

Angustias

Cuando se sienta angustiado o con el ánimo decaído, váyase temprano a algún parque o bosque. Elija el árbol más grande y fuerte y abrácese a él por unos 5 minutos. El resultado será que se cargará de la energía del árbol y el estado de ánimo va a cambiar casi inmediatamente.

Para la circulación

Para evitar la mala circulación nunca debes usar nada que te apriete; menos para dormir. Evita siempre las fajas, las medias que no sean medicadas, los calcetines y cinturones apretados y la ropa interior muy justa. Recuerda que al circular la sangre, baja por el cuerpo pero también tiene que subir. Así que si usas algo apretado le vas a impedir que circule libremente, provocando con esto problemas que se pueden volver más graves con el tiempo.

El cigarro y la vitamina C

¿Sabías que el cigarro metaboliza más rápido la vitamina C?. . . Por eso les recomiendo a mis amigos fumadores que tomen vitamina C diariamente para evitar cierto tipo de enfermedades.

Pérdida de fuerza del cabello

De los 40 a los 50 años, es muy común que el cabello vaya perdiendo fuerza y empiece a perder volumen, o sea, cuerpo. Por eso, es recomendable que coman todos los vegetales ricos en hierro, como los berros, pimientos morrones, apio, etc. Además ayudan las lentejas y las habas.

En fin, preocúpate e investiga cuáles son estos alimentos para que le proporciones nuevamente a tu cabello.

Para conservar el aroma de los perfumes

Este consejo va para todas aquéllas de mis amigochas que tienen su tocador repleto de perfumes. ¡Aguas! Si los tienes así, a la luz del día, se puede modificar el aroma de tu perfume y cuando lo abras, ¡sorpresa! Huele diferente y hasta desagradable.

Lo mejor que puedes hacer, es guardarlos en un closet o en cualquier sitio oscuro pero fresco, para que conserven mejor su aroma. ¡No lo olvides!

Vitamina E

¿Sabían que la vitamina E es una gran regenadora celular?... Es muy beneficiosa para el pelo y la piel, y la contiene el aceite del germen del grano de trigo.

Anticancerígenos

¿Sabían también que el carateno, el cual está presente en casi todas las frutas y verduras, especialmente en la zanahoria, es un buen protector contra el cáncer?

Loción para reafirmar el busto

2 litros de agua de colonia
2 apios sin hojas ni tronco

Los apios se meten en la colonia y se dejan reposar durante 15 días. Después de este tiempo, se aplica esta loción en el busto con masajes suaves en forma giratoria, empezando de abajo hacia arriba. Después se ponen un sostén con buen soporte, de preferencia de maternidad. Esto se repite al otro día después del baño y así sucesivamente, hasta que los tejidos de los senos empiecen a ponerse firmes.

Esta loción también la pueden usar los señores para endurecer los tejidos del estómago.

Para las arrugas prematuras

Ponen a hervir cáscaras de naranja en un 1/4 de litro de agua. Ya que hayan hervido, se revuelven con todo y agua, con un pedazo de aguacate y la pulpa de una zanahoria cocida. Este menjurje se pasa por la cara empapando un algodón. Después se enjuaga la cara con agua fría.

Tratamiento de rodajas de naranja

Te limpias y lavas la cara con agua caliente para provocar que se te abran los poros. Te acuestas en algún lugar tranquilo y te colocas las rodajas con todo y cáscara en toda la cara. Descansas 20 minutos. Luego te quitas las rodajas, vas al baño y sólo te enjuagas con agua fría, ya sin jabón. Te quitas el exceso de agua con la punta de la toalla, dándote golpes ligeritos. Ya después te puedes maquillar sobre una piel sedosa y fresca.

Para la orzuela

Se pone a hervir suficiente manzanilla en un litro de agua. Una vez que hirvió, se retira de la lumbre y se deja refrescar un poco, pero sin que pierda lo caliente. Te lavas las puntas de tu cabello con esa agua y, con lo que quede, empapas una toalla que exprimes y colocas alrededor de tu cabeza por 20 minutos.

Otra receta para la orzuela, es la siguiente:
Se ponen a hervir 10 chiles serranos en 1/2 litro de agua. Cuando hayan hervido, se cuelan y con esa agua te das un masaje en toda la cabeza, cuidando que no te caiga en los ojos ni en la piel de la cara para que no se te irrite.

Para el mal aliento

Después de comer trata siempre de masticar, muy lentamente, una fruta dura como manzanas, peras, duraznos, etc. Evita siempre los dulces y consulta a tu dentista.

Para evitar las várices

Debajo de donde pases mucho tiempo parada, como por ejemplo, cuando estás planchando, coloca en el suelo un pequeño cajoncito para que ahí descanses un pie y luego el otro. Así evitarás la mala circulación y tus piernas descansarán.

Para las uñas débiles

Lo ideal son los baños calientes de aceite de oliva. Después se masajean con una franela y se pulen con una lija suave de papel. Come muchas gelatinas y, de vez en cuando, úntate ajo y déjalo penetrar.

Para un cutis cansado o desvitalizado

Por lo menos dos veces a la semana muele un pepino con todo y cáscara y semilla. Lo puedes hacer en la licuadora. Ahí mismo, le revientas 2 cápsulas de vitamina E, mezclando todo perfectamente bien. Te lo aplicas como mascarilla en toda tu cara.

Te la dejas 20 minutos, después de este tiempo te enjuagas con agua fría, secándote luego muy suavemente con una toallita, sin restregarte la cara.

Para las arrugas de los ojos

Se parten dos cápsulas de vitamina E y se revuelven con dos uvas verdes sin semilla. Esta mezcla se aplica todas las noches en los ojos, dejándola hasta el día siguiente. Al otro día, te enjuagas suavemente con agua fría y te quitas el exceso de agua con una toallita, suavemente.

Para desmaquillarte y aplicarte crema

Cuando te quites el maquillaje o cuando te apliques tu crema humectante y, en general, cuando te hagas cualquier cosa en la cara, ten mucho cuidado.

Nunca te talles ni te frotes con fuerza, porque si lo haces así tú misma te vas a producir más arrugas, o flacidez en la cara.

El limón agrio

Si no tienes a la mano un gel o fijador de los que ahora venden, no te preocupes... Parte un limón agrio, exprímete un chorrito en la palma de la mano y aplícalo a tu pelo. Es el fijador más barato que puedes encontrar y, además, tiene la ventaja de que, aplicándolo constantemente, le dará varias tonalidades a tu cabello, haciéndolo lucir como rayado por el sol pero de manera muy natural.

El embarazo y tu dentadura

No es cierto que en cada embarazo pierdas un diente, pero lo que sí es cierto es que las encías se te inflaman cuando estás embarazada. Para evitarlo, es necesario que tengas especial cuidado con el aseo de tu boca, usando bicarbonato con limón algunas veces en vez de pasta dental; masajeando tus encías para favorecer la circulación.

Para desinflamar las anginas

Se mezclan 25 gramos de café en polvo con 50 gramos de manteca de puerco. Con esta especie de crema, se unta el cuello en donde están las anginas. El tratamiento tiene que repetirse durante 3 ó 4 días por lo menos.

Cuando las encías sangran

Se ponen a hervir 10 cáscaras de nuez en 1/2 litro de agua. Con esto, ya colado, se hacen buches 3 veces al día, enjuagándose con fuerza la boca. Sirve muy bien para fortalecer las encías.

Para el cutis demasiado seco

Se mezclan aceite de almendras dulces con una cucharada de miel y un poco de aceite de germen de trigo. Todo se revuelve y se guarda. Todas las noches, antes de acostarte te pones un poco y te lo quitas hasta el otro día.

Mascarilla suavizante

Sobre tu cara bien limpia te das un masaje con la yema de los dedos con un poco de aceite de almendras dulces calientito.

Luego preparas lo siguiente: Una cucharada de avena, 5 gotas de aceite de almendras dulces, una cucharada de natas, y una pizca de carbonato.

Todo se revuelve y se pone como mascarilla. Se deja por 20 minutos y se retira con agua tibia, enjuagándola luego con agua fría. Esto lo puedes hacer 2 ó 3 veces por semana. Ádemás de suavizar, te ayuda a eliminar los puntos negros si antes de retirártela la frotas un poco, especialmente en los lugares donde tienes puntos negros. La avena te servirá como si los pulieras, facilitando su eliminación.

Mascarilla de proteínas

Se revuelven un plátano tabasco bien machacado, una yema de huevo, una cucharada de yogurt natural y una cucharada de miel de abeja. Se la ponen como mascarilla durante 20 minutos; luego se retira con agua tibia, enjuagando al final con agua fría.

Al hacer esto tres veces por semana, la piel se nutrirá y empezará a verse más saludable y tersa.

Mascarilla para suavizar las arrugas

Se mezclan partes iguales de suero fisiológico con miel de abeja y aceite de oliva. Esto lo puede usar dos o tres veces a la semana y se lo deja unos 20 minutos, retirándolo con agua tibia sin tallar la piel. Al final se enjuaga con agua fría.

Para aclarar el pelo de manera natural

Se ponen a hervir en dos litros de agua flor de manzanilla, flor de naranjo, un poco de gordolobo, una corteza de sauce, una corteza de cerezo y una cucharadita de Jena, ya sea natural o de color dorado. Con esto se enjuagan el pelo después del shampoo y notarán cómo poco a poco irá teniendo una tonalidad muy bonita, dándole luz a tu cabello y cara.

Cuando tengas ya el tono que deseas, entonces paras tu tratamiento y sólo lo repitirás de vez en cuando para mantener el color, sobre todo en la raíz.

Para darle brillo al cabello

Se mezclan una clara de huevo, una cucharada de miel y el jugo de medio limón agrio. Con esta preparación se unta todo el cabello dejándolo por 20 minutos, lavándolo luego con agua tibia y enjuagándolo con agua fría. Esto lo puedes hacer 2 ó 3 veces al mes.

Ensalada para nutrir al cabello

Se mezclan apio, pimiento morrón, espinacas, berros y perejil. Lo puedes hacer en las cantidades que tú quieras y con el aderezo que prefieras. Aparte de disfrutarlo enormemente por sus cualidades, te servirá para tu organismo, pero más que nada para tu cabello.

Shampoo especial

A un litro de shampoo, agrégale 2 cajas de píldoras anticonceptivas bien machacadas. Agítalo y úsalo para lavarte el cabello, cuidando de agitarlo cada vez que lo vuelvas a usar nuevamente.

Lavado de manos

Se ponen a hervir dos tallos de apio, un pedazo de nogal y algunas hojas de laurel. En cuanto se refresque, se introducen las manos y se tapa la olla con una toalla, para evitar que se salga el vapor. Se remojan las manos por 20 minutos. Esto se puede hacer 2 ó 3 veces a la semana. Tú misma notarás el cambio en tus manos, ya que se te pondrán muy juveniles, tersas y lindas.

Para el buen funcionamiento de los riñones

En el mercado, con las yerberas, cómprese una raíz de pipichahua. En su casa ponga a hervir dos litros de agua y una vez que comienza la ebullición agrega una buena porción de esta raíz. Ya que haya hervido perfectamente la deja refrescar, tomándose un vaso en ayunas. El resto lo usará como agua del día. Esto lo repetirá durante un mes.

Para las fracturas

Con esta receta de ninguna manera quiero decir que se sanarán sus huesos sin necesidad de que vayan al doctor. De ninguna manera. Tienen que ir al médico para que les saquen sus radiografías y les den su tratamiento indicado. Este tip les servirá sólo para ayudar a reconstituir mejor sus huesos fracturados.

Se necesitan dos tipos de yerbas. La primera es la llamada yerba del golpe; la segunda se llama yerba del manso. Estas dos yerbas se ponen a hervir en un litro de agua. Ya que hirvieron perfectamente se dejan reposar un rato, tomándose como agua del día.

Este té se puede tomar aproximadamente unos tres meses diariamente, pero recuerde: hay que consultar al médico.

Para trastornos intestinales

Se compra una planta llamada macula. Se lava perfectamente

bien la raíz y se machaca, poniéndola luego a hervir en dos litros de agua. Ya que hirvió perfectamente, se le agregan unas 7 hojas de la misma planta. Nuevamente se esperan a que vuelva a hervir ahora con las hojas. Una vez que haya hervido, se deja reposar y se toma una taza cada 8 horas durante dos o tres días.

Para quitar el mal olor a los zapatos

Si los zapatos se pueden lavar sin que se echen a perder, lo más recomendable es lavarlos, pero si no se pudiera, entonces hay que empezar por dejarlos un buen rato al sol, para que se evapore toda la humedad que guardan del sudor. Luego, todas las noches, cuando se los quite, póngales una buena cantidad de bicarbonato en polvo, dejándoselo toda la noche. A la mañana siguiente, se lava muy bien sus pies, secándolos con todo cuidado para que no queden húmedos. Se pone talco en los pies y se tira el carbonato a los zapatos. Esto lo repite durante 15 días o si prefieres, puedes hacerlo para siempre.

Otro consejo para las anginas inflamadas

Se hacen buches y gárgaras con vinagre de manzana todos los días y cada vez que se pueda, mientras las molestias persistan. Esto se hace para empezar el día, primero en ayunas. Yo he comprobado esta receta y me ha dado resultados maravillosos.

Para la celulitis

Ésta es una de mis recetas estrella. No hay lugar de la República donde me presente que no me pidan esta receta. Es sumamente eficaz y fácil de hacer. Así que aquí, en mi libro y de una vez para siempre, les daré esta famosísima receta para todas ustedes mis queridas amigas y lectoras.

Fíjense muy bien porque tiene dos pasos: Un té y una dieta especial.

Primero, para el té, es necesario que pongan a hervir lo siguiente:

- Una taza de perejil bien picadito
- Una taza de apio bien picadito
- Una taza de berros bien picaditos
- Una taza de zanahoria bien picadita
- Una taza de espinacas bien picaditas

Los ingredientes se ponen a hervir en un litro de agua, sin olvidar que hay que lavarlos muy bien antes. Ya que hayan hervido, se sacan del fuego y se dejan reposar durante 20 minutos. Es muy importante hacer esto en la mañana, ya que la primera taza se debe tomar en ayunas.

La segunda taza se tomará antes de comer y la tercera a media tarde. Este té se tomará el tiempo en que usted vaya viendo resultados. Lo que sí le puedo decir, es que si es consistente y sigue mi receta al pie de la letra, en 15 días empezará a ver resultados que la sorprenderán.

En cuanto a la dieta, tiene que hacer lo siguiente:

Aproximadamente unos 15 minutos después de que se tomó su primera taza de té en ayunas, se tiene que tomar un vaso de agua mineral al tiempo y sin gas, también en ayunas. Después de esto, procederá a tomarse el siguiente desayuno:

Una taza de té del que prefiera (manzanilla, negro, de limón etc.), pero sin azúcar y una rebanada de pan integral.

Al mediodía, después de su taza de té de verduras puede comer:

150 gramos de carne asada SIN GRASA, o hervida de preferencia. Puede ser pollo o ternera.

Para acompañar la carne, puede comer cebollas, calabacitas, o coles de bruselas.

No se puede comer nada de sal mientras esté en este tratamiento. La comida la puede acompañar con tres rebanadas de pan integral y un trozo pequeño de queso. De tomar se preparará un jugo de toronja natural.

Estoy de acuerdo de que a fuerza de repetir esta dieta acabe harta. Pero en cuanto pasen los 15 días, si ha sido consistente los resultados la van a dejar sorprendida.

Así que bien valdrá el sacrificio.

Después de la comida necesita empezar a tomar agua mineral al tiempo y sin gas, para que antes de la tercera taza de té, la cual toma a media tarde, ya haya consumido por lo menos un litro de esta agua mineral.

Después del té de verduras, tomará la siguiente cena:

20 gramos de arroz cocido con el caldo de las verduras. Te quiero aclarar que las verduras utilizadas para preparar el té también te las puedes comer, ya que son alimenticias y proporcionan fibra a tu organismo, muy necesaria para una buena digestión.

Después del arroz te comes una manzana o una pera al horno y sin cáscara y tres rebanadas de pan integral. De tomar: un vaso de agua mineral al tiempo y sin gas. Ahora, si se te antoja un té después de haberte tomado tu vaso de agua mineral, te lo puedes tomar pero sin azúcar.

Quiero aclararte que mientras lleves esta dieta quedan estrictamente prohibidos el alcohol y el café. O sea, no puedes tomar ninguna copa, por muy ligero que sea el licor, y tampoco café.

Para el colesterol

¿Sabían ustedes que el comer sardina lo más frecuentemente que se pueda ayuda a eliminar el colesterol?

Bueno, pues según muchas investigaciones recientes así sucede. Ya que la sardina es tan barata en nuestro país, qué mejor que consumirla, para así obtener las ventajas y resultados de su consumo.

Propiedades de las ciruelas

La ciruela es una fruta que tiene un alto contenido en hidratos de carbono, con lo que aporta a la dieta una gran cantidad de calorías. Esto las hace un alimento muy beneficioso para todos aquellos organismos que están en crecimiento, o que realizan una gran cantidad de ejercicios físicos muy intensos.

No son recomendables en la dieta de las personas diabéticas o con tendencias a engordar.

Propiedades de la berenjena

La berenjena es un alimento muy nutritivo, pero desgraciadamente en nuestro país no se consume con la misma frecuencia que en otros países, siendo muchos sus beneficios.

Por ejemplo, es muy rica en fibra, tiene poco contenido en calorías y bajo contenido en sodio. Por estas ventajas, es muy recomendable para los diabéticos, para las dietas de las personas con tendencias a engordar, o para los que tienen problemas de digestión. La berenjena se puede preparar de diferentes maneras: asada, frita o rellena. Es un alimento exquisito.

Para el catarro constipado

Esta receta es efectiva para toda la familia. Es muy sencilla y efectiva. Se prepara de la siguiente manera:

Se pone a hervir agua, cuando está hirviendo se le agregan dos cucharadas de sal de grano y medio frasco de *Vic Vaporrup*. Una vez que todo esté hirviendo, se coloca una toalla en la cabeza y hace vaporizaciones con esta infusión. Este procedimiento lo puede hacer diariamente hasta que note que el catarro cede y se suaviza.

Suénese siempre la nariz después del tratamiento con mucho cuidado.

Para hacer crecer las pestañas

Cuando la luna esté en creciente, tome unas tijeritas bien afiladas y corte únicamente la puntas de sus pestañas. Tenga listo un pedazo de sábila y pásese la pulpa alrededor del ojo, cuidando de que no le entre, ya que arde un poco.

Déjeselo toda la noche. En la mañana limpie sus ojos y antes de ponerse el rimmel, coloque en sus pestañas un poco de aceite de almendras.

Para amibas y parásitos

Yo recomiendo muy ampliamente algo muy sencillo y delicioso. Tomar agua de coco en ayunas. Al levantarse, antes de tomar agua, tome agua de coco pero que sea fresca.

Para desinflamar el estómago

Se necesita un trozo de aproximadamente 10 centímetros de sábila con todo y cáscara. Un limón agrio completo con todo y cáscara y semillas. Un vaso con agua y dos cucharadas soperas de miel de abeja. Todo esto se pone en la licuadora. Ya que esté bien licuado, se cuela y se toma en ayunas todos los días. Yo le aseguro que en tres días su estómago se le ha desinflamado y se sentirá muy bien.

Para disminuir las ojeras

Esta receta se usa para disminuir el oscurecimiento de la piel alrededor de los ojos. Se necesita una clara de huevo, el jugo de un limón y una latita de pomada de *La Campana*. Se mezclan la clara, el jugo del limón y la mitad de la pomada. Esto se aplicará todas las noches en la parte oscura abajo del ojo, es decir, sobre la ojera.

En la mañana, se lava perfectamente y se vuelve a poner la pomada que preparamos, pero muy poquita, para así continuar con el tratamiento.

Esto lo puede repetir sucesivamente hasta que usted note que la piel bajo los ojos se va aclarando y las ojeras desaparecen.

Algunas ventajas del ayuno

Como nuestros antepasados, tú también puedes practicar la costumbre de ayunar, siempre y cuando tomes las debidas precauciones.

Ayunar es una costumbre muy sana, ya que este periodo de reposo permite a los tejidos y algunos órganos la oportunidad de rehacerse, de renovarse.

Un hígado agotado puede recobrar su actividad normal, mientras que las células gastadas y enfermas se eliminan.

El ayuno, además, despeja y tonifica la mente.

Es muy importante que si nunca has hecho un ayuno lo empieces de la siguiente manera: Una vez a la semana, eliminas la comida del mediodía. Cuando ya te hayas acostumbrado puedes intentar un ayuno de un día completo. Esto es, tomando exclusivamente un caldo de pollo desgrasado sin carne ni verduras en todo un día, acompañándolo sólo de agua natural al tiempo.

Después del ayuno, empezarás a comer muy ligero para no provocarte molestias. Puedes empezar con frutas, jugos, caldos desgrasados sin sal, etcétera.

Muy importante es que para ayunar en paz tienes que estar segura de que lo deseas. Recuerda que es una purificación de organismo para la cual debes prepararte y no pensar en la comida, ni angustiarte por no poder comer.

Yo te recomiendo que escuches música que te relaje. Camina o goza de alguna lectura que también purifique tu espíritu.

Te aclaro que tu organismo no se verá en ningún problema por ayunar, ya que tiene reservas suficientes para no resentirse por uno o dos días de ayuno.

Por supuesto que el ayuno no se recomienda a las embarazadas ni a los enfermos, ya que para ellos sí puede resultar peligroso.

Para eliminar toxinas

Se puede hacer ayuno de un día completo de frutas, especialmente plátanos, manzanas o uvas. O sea, que en un día completo lo único que comerás será una de las frutas que te mencioné. Puedes comer la cantidad que desees, sin límite, tomando solamente agua natural al tiempo. Esto lo puedes hacer un día o una vez al mes.

Para purificar la sangre

En el mercado, con las yerberas se compra un manojo de muitle. Todos los días, en su casa, puede preparse un té con esta yerba, ya sea en ayunas, o por la noche antes de dormir.

Este té yo lo tomo desde hace mucho tiempo, y me ha sentado de maravilla.

El ajo

Como complemento alimenticio y sin que se me llegue a olvidar por ningún motivo, me tomo en el desayuno un diente de ajo con un poco de agua o jugo, así, como si fuera una cápsula o una pastilla.

Me funciona muy bien para muchas cosas, especialmente para la circulación.

Ahora, si ustedes le tienen miedo al mal olor —que con un solo diente de ajo, no lo hay—, para que se animen y se sientan seguros les recomiendo que después de haberse tomado su diente de ajo mastiquen un pedazo de zanahoria, apio o manzana. Con esto es seguro que el olor del ajo va a desaparecer, ya que la zanahoria, el apio o la manzana lo neutralizan.

Limpieza y cuidado del cepillo de dientes

El cepillo de dientes es un instrumento necesario e indispensable para la belleza y la salud de nuestra boca; por lo tanto, hay que cuidarlo y ponerle atención.

Es necesario, entonces, que por lo menos una vez a la semana dejes remojando las cerdas de tu cepillo en un poco de jugo de limón agrio durante toda la noche. Al otro día lo enjuagas y continúas usándolo normalmente.

Para los poros abiertos

Esta receta funciona para cualquier tipo de cutis. Se compra un litro de agua de rosas y un litro de mezcal. Para preparar la loción, se utilizará un cuarto de agua de rosas y un cuarto de mezcal. Se revuelven perfectamente bien y se dejan reposando durante dos días o más. Luego lo vuelve a agitar y se lava y enjuaga la cara con cuidado. Esta loción se aplica con un algodón todas las noches.

Para fortalecer los pulmones

Ésta es una receta de mis abuelos. Ellos la usaban, luego mis padres y después mis hermanos y yo. En este libro se las paso al costo, ya ustedes sabrán si la siguen.

Hay que preparar un té del vástago del plátano macho en medio litro de agua. Este té se debe tomar tibio, primero en ayunas y después al acostarte. Se recomienda especialmente para las personas que fuman mucho, ya que tiene propiedades especiales para limpiar los pulmones, aunque claro, lo ideal es no fumar, pero si ya tienen el vicio muy arraigado, entonces lo mejor será tomar este té tan frecuentemente como puedan.

Para limpiar la garganta y las vías respiratorias

Se abren una naranja y un limón agrio en cuatro partes. El limón se pone dentro de la naranja abierta. Esa naranja se cierra y se pone a hervir en medio litro de agua. Una vez que ya hirvió, se saca de la lumbre y se deja enfriar un poco. La primera taza se toma en ayunas y el resto se tomará en el transcurso del día. Usted notará cómo se le van a empezar a descongestionar las vías respiratorias. Por supuesto, para lograr buenos resultados se tiene que hacer con constancia.

Receta infalible para el cabello

Se machacan muy bien un hueso de mamey y un hueso de aguacate. Se mezclan y se aplican en el cuero cabelludo durante una semana todos los días en la noche, dejándose la mezcla hasta el otro día. Se puede poner una gorra o un plástico para que los poros del cuero cabelludo absorban las propiedades de estos dos huesos.

Después de terminar esa semana de tratamiento, empezará otra semana enjuagándose el pelo después del baño diario con el agua donde el hueso de mamey y el hueso de aguacate hirvieron. Y así sucesivamente, o sea: una semana los muele y se los unta; la siguiente semana los hierve y se enjuaga con el agua de los huesos.

Si es constante, obtendrá magníficos resultados. Yo se lo aseguro.

Loción desodorante y refrescante

Esta loción se puede aplicar después del baño y es muy recomendada para todas aquellas personas que tienen un sudor fuerte y penetrante.

Se aplica en todo el cuerpo, especialmente en las axilas, los pies y el doblez de las rodillas.

La preparación es de la manera siguiente:

Se compra un litro de alcohol de 96 y un frasco de yodo. Se decanta un poco de alcohol para aplicar con un gotero el yodo, hasta lograr un color cobrizo pálido. Se agita muy bien la botella del alcohol. Después del baño, esta loción se aplica en todo el cuerpo. Después, usted usa normalmente su talco y desodorante como lo hace y su loción o perfume predilecto, con la seguridad de que ahora olerá a sus aromas consentidos, sin preocuparse por el mal olor del sudor.

Para el buen funcionamiento de los riñones

Se compran en el mercado pelos de elote y todos los días se ponen a hervir unos pocos en medio litro de agua. Este té se puede tomar primero en ayunas y otro antes de acostarte. Este tratamiento se puede hacer durante una semana cada 6 meses.

Para este mismo efecto también sirve un té de hojas de alcachofa. Asimismo este tratamiento lo puedes hacer una semana cada 6 meses.

Para mejorar la circulación

¿Sabía usted que las uvas molidas en la licuadora junto con una pitahaya ayudan a mejorar la circulación?
Pruébelo.

Para bajar de peso

Ponga a hervir una toronja en dos litros de agua, hasta que el agua se consuma casi a un litro. Todas las mañanas, en ayunas, hay que tomarse un vaso de este té; lo que sobra se lo toma en el transcurso del día. Por supuesto hay que medirse en la comida. Pero con la ayuda de la toronja, empezarás a quemar grasa.

Té medicinal para desparasitar

Se ponen a hervir unas hojas de pirul en dos litros de agua. Ya que hayan hervido lo suficiente, se toma un té en ayunas todos los días durante 15 días y otro té antes de dormir.

Té para endurecer el cuerpo

Pon a hervir un poco de hiedra y romero. Al final del baño, empapas una toalla y te la enrollas alrededor de la cadera y la cintura para que se absorba por los poros, o te echas el té por los hombros, hacia abajo.

Para los asmáticos

Se compra con las yerberas hoja santa. En un litro y medio de agua se ponen 4 hojas santas a que hiervan perfectamente bien. Después, se toma un vaso en ayunas y lo que sobre se toma como agua del día. Esto se hace diario.

Para calmar los nervios

Se ponen a hervir flor de azahar y valeriana. Una vez que haya hervido, se sirve en una taza, agregándole una cucharadita de Pasiflorine. Se lo toma y se relaja en su cama, disponiéndose a dormir como bebé.

Para fortalecer la sangre

Se hace un té de las hojas de la planta del aguacate. Pone a hervir en un litro de agua de 12 a 15 hojas de aguacate. Se toma un vaso de este té todos los días en ayunas; otro vaso en las noches antes de dormir.

Yo tomo este té durante 15 días de cada año. Por eso mismo se los recomiendo, porque me sienta muy bien y siempre estoy lleno de energía.

Para fortalecer los huesos

¿Sabía usted que el mamey y el zapote ayudan a fortalecer los huesos?. . . Así es, y es más: si tuvieras alguna fractura, el comer estas frutas te va a ayudar a que sanes más rápidamente.

ESTA EDICIÓN DE 30 000 EJEMPLARES SE TERMINÓ DE
IMPRIMIR EL 30 DE JULIO DE 1990 EN LOS
TALLERES DE
IMPRESIONES EDITORIALES, S.A. DE C.V.
LAGO CHALCO 230 COL. ANÁHUAC
11320 MÉXICO, D.F.